KENICHI SAKUMA

EL MÉTODO SAKUMA

FULL BODY

El secreto japonés para tonificar las zonas rebeldes
de tu cuerpo en un mes

TRADUCCIÓN DE
Madoka Hatakeyama

Kitsune
Books

ÍNDICE

Cuatro minutos de ejercicio bastan para adelgazar y tonificar 7
El método Sakuma Full Body es la respuesta 8
El método Sakuma y el método Sakuma Full Body funcionan 10
Baja de talla en un instante 12
Adelgaza las zonas rebeldes 14

Capítulo

1

Tonifica las zonas que menos te gustan
El secreto del método Sakuma Full Body 16

Capítulo

2

Primero, ¡la cintura y las caderas!
Ejercicios para adelgazar el abdomen 32

Capítulo

3

No cubras tus piernas con la ropa

Ejercicios para adelgazar las piernas 62

Capítulo

4

Es posible mejorar incluso las partes más rebeldes

Ejercicios Full Body para adelgazar los brazos, la cadera y la espalda .. 92

Capítulo

5

Para saber más

Ejercicios para estilizar el torso: el método Sakuma 136

Apéndices

Para quienes no hayan obtenido el resultado esperado 150

Sobre el autor 157

Cuatro minutos de ejercicio
bastan para adelgazar las partes concretas de tu cuerpo que menos te gustan

Hace diez años, compré un libro de nutrición que aseguraba que, si convertía los hidratos de carbono en la base de mi dieta y reducía los niveles de grasa, adelgazaría. Me lo creí, y durante los tres meses siguientes, tomé unas cuatro tazas de arroz blanco con cada cena. Resulta que no solo no adelgacé, sino que engordé once kilos. Hoy en día, estamos expuestos a un exceso de información sobre cómo hacer dieta; sin embargo, si no sabemos identificar la información correcta, adelgazar se convierte en algo imposible, perdemos el tiempo y realizamos esfuerzos en vano. Para cocinar un plato exquisito, primero tienes que prepararlo muchas veces, probar. Aquí sucede lo mismo: existe un método adecuado para conseguir un cuerpo esbelto.

Mi libro anterior, el *best seller El método Sakuma,* llegó a las manos de más de 1 200 000 lectores en Japón y se ganó el sobrenombre de «la Biblia de las dietas». En este nuevo libro explico cómo adelgazar las partes concretas de tu cuerpo que menos te gustan. Por lo general —aunque cada uno se lo toma de manera diferente—, nos preocupan el abdomen, la cintura, la cadera y las piernas, entre otras zonas. El propósito de este libro es ayudarte a deshacerte de esta preocupación.

Tanto para quienes quieran perder peso como para los que desean un cuerpo tonificado: el método Sakuma Full Body es la respuesta

Actualmente doy conferencias y escribo libros y artículos en blogs para el público general, así como para profesionales del mundo de la estética.

Hasta ahora he firmado sesenta y tres contratos con agencias de modelos, tanto para aquellas que trabajan para revistas como las que se presentan a los concursos de Miss Internacional, Miss Mundo y Girls Award. Durante estos años, he ayudado a miles de modelos, famosos y atletas a conseguir la talla y el cuerpo que deseaban.

Gracias a mi propia experiencia, he comprendido que muchas mujeres quieren un método efectivo que les permita «adelgazar por partes». ¿Por qué? Porque todos los clientes se preocupan por alguna zona en concreto de su cuerpo.

Nadie tiene un cuerpo perfecto y completamente equilibrado. Algunas personas tienen una zona más delgada y otra más gruesa, y puede que, en el caso de otras personas, ocurra a la inversa… Sin embargo, cuanto más cerca estés del cuerpo ideal, más confianza tendrás en ti mismo. Cada vez que veo las sonrisas de las mujeres que han adelgazado partes concretas de su cuerpo con el método Sakuma Full Body, estoy más convencido. En este libro presento un método que ayuda a tonificar siete partes diferentes —la cintura, el abdomen, los muslos, los gemelos, los brazos, las caderas y la espalda—, así como a reducir la grasa de estas zonas rebeldes. Tan solo necesitarás cuatro minutos de ejercicio por zona. A pesar de la brevedad de los ejercicios, realizarlos diariamente permite a cualquier persona reducir el volumen y tonificar las zonas rebeldes del cuerpo, las que más nos preocupan a todos.

¿Por qué funcionan el método Sakuma y el método Sakuma Full Body?

En el libro *El método Sakuma* expliqué cómo activar los músculos del tronco y cómo enseñar al cuerpo a quemar grasa enérgicamente, y presenté cinco ejercicios para conseguir el torso de una modelo. Cuando estos músculos trabajan correctamente, el resto del cuerpo se tonifica de forma proporcional. Y, a medida que aumentamos el número de músculos activos, incrementamos nuestro metabolismo y reducimos el índice de grasa corporal.

Si ya has corregido las malas costumbres de tu cuerpo con los ejercicios de *El método Sakuma,* el programa Full Body será más efectivo. Es decir: partir de una base correcta ayuda a que los ejercicios de este método surtan efecto más rápido. Así, conseguirás el mejor resultado con el mínimo esfuerzo.

No obstante, con el programa Full Body, obtendrás resultados notables aunque no hayas realizado el método Sakuma. Profundizaré en esta cuestión en el capítulo 1.

Cuando sigues una dieta general, la grasa corporal se reduce en todo el cuerpo. Si es tu caso, es posible que hagas comentarios de este estilo: «He adelgazado, pero no me gusta el resultado». Sin embargo, con el método Sakuma Full Body puedes centrarte solo en las zonas cuyo volumen quieras reducir. Al seguir los cuatro pasos que propongo para adelgazar por partes, tu cuerpo cambiará y obtendrás un resultado satisfactorio. Además, dado que activarás nuevos músculos, adelgazarás sin peligro de sufrir un efecto rebote. Por eso se llama «el método Sakuma Full Body».

Baja de talla en

Antes

Caso 1
Sra. A
30 años

Altura: 150 cm

Peso: 40 kg

Solo un minuto

después

Brazos

-0,8 cm

Espalda

−1,1 cm

Abdomen

−4 cm

Brazos: 23 cm

Espalda: 78 cm

Abdomen: 72 cm

Brazos: 22,2 cm

Espalda: 76,9 cm

Abdomen: 68 cm

---

24 horas después

Brazos 22,2 cm	Espalda 77 cm	Abdomen 70 cm
−0,8 cm	−1 cm	−2 cm

En mi opinión

La razón de la bajada instantánea de talla es que se corrigió la posición de la pelvis y de los omóplatos, que estaban desplazados. Al hacerlo, los órganos recuperaron su posición original. El resultado en el abdomen fue inmediato, puesto que no había mucha masa muscular alrededor del vientre. A mayor masa muscular, mayor es la memoria corporal para mantener la forma.

La razón del cambio inmediato de la señora A.

Antes

Caso 2

Sra. M

20 años

Altura: 158 cm

Peso: 51,6 kg

Solo
un minuto
después

Cintura: 69 cm

Muslos: 48 cm

Cintura

- 1,5 cm

Muslos

-0,5 cm

Cintura: 67,5 cm

Muslos: 47,5 cm

24 horas después	Cintura 70 cm	Muslos 47,5 cm
	+1 cm	-0,5 cm

En mi opinión

Puesto que la señora M. estaba encorvada, le bastó estirar el tronco para bajar una talla de cintura. El estómago se encuentra a la misma altura, por lo que su contenido, como el agua o la comida, afecta al volumen. Esa es la razón de que, veinticuatro horas después, la talla aumentara. Con los ejercicios del método Sakuma Full Body mantendrás la talla deseada el tiempo que quieras.

La razón del cambio inmediato de la señora M.

Adelgaza la

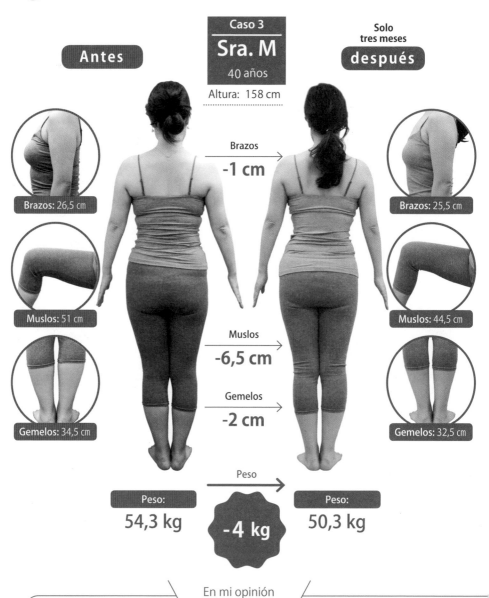

Antes

Caso 3
Sra. M
40 años

Altura: 158 cm

Solo
tres meses
después

Brazos
-1 cm

Brazos: 26,5 cm

Brazos: 25,5 cm

Muslos: 51 cm

Muslos: 44,5 cm

Muslos
-6,5 cm

Gemelos
-2 cm

Gemelos: 34,5 cm

Gemelos: 32,5 cm

Peso

Peso:
54,3 kg

-4 kg

Peso:
50,3 kg

En mi opinión

La gran bajada de peso se debe al aumento en el volumen de los músculos que se utilizan a diario, lo cual aceleró el metabolismo. Los músculos que estaban dormidos despertaron gracias a los ejercicios y empezaron a trabajar cada vez más.

La razón del adelgazamiento continuo
de la señora M.

zonas rebeldes

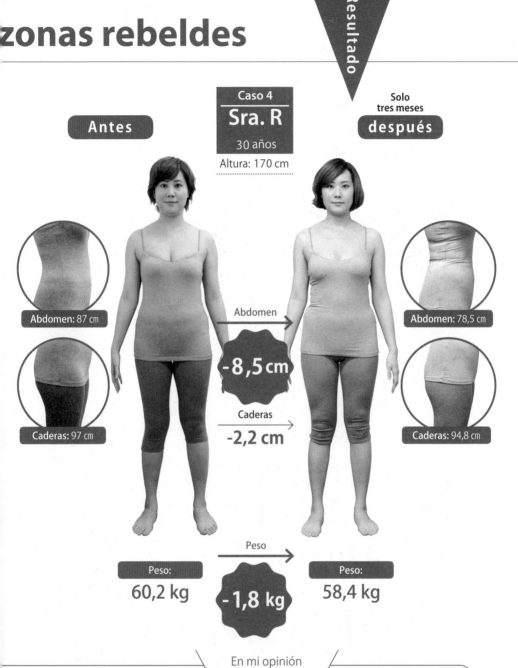

Antes

Caso 4
Sra. R
30 años
Altura: 170 cm

Solo
tres meses
después

Abdomen: 87 cm

Caderas: 97 cm

Abdomen

-8,5 cm

Caderas

-2,2 cm

Abdomen: 78,5 cm

Caderas: 94,8 cm

Peso

Peso:
60,2 kg

-1,8 kg

Peso:
58,4 kg

En mi opinión

La señora R. tenía la cintura curvada y el estómago más bajo de lo normal. Con la ayuda de los ejercicios, la pelvis volvió a su sitio, lo que le permitió bajar de talla. Para adelgazar 1,8 kg hace falta quemar 12 960 kcal. Gracias a los ejercicios del método Sakuma Full Body, consiguió el cuerpo que deseaba solo con unos minutos de ejercicio al día.

La razón del adelgazamiento continuo
de la señora R.

Tonifica las zonas
que menos te gustan

Capítulo 1

El secreto
del método
Sakuma Full Body

Cómo realizar los ejercicios

Para adelgazar las partes de tu cuerpo que más te preocupan, sigue el programa de ejercicios que propongo. De este modo, quemarás grasa corporal y estilizarás las zonas rebeldes.

Postura inicial

Descripción de la postura inicial.

Clave

Información para obtener los mejores resultados.

Número de veces que tienes que repetir el ejercicio y durante cuánto tiempo debes mantener la postura.

Más fácil

Si el ejercicio te parece difícil, empieza por aquí para acostumbrarte.

Más difícil

Si el ejercicio te parece muy fácil, prueba estos consejos para incrementar la dificultad.

ASÍ

Claves sobre la postura que te ayudarán a obtener los mejores resultados.

ASÍ NO

Descubre por qué no consigues los resultados que quieres y evita lesiones.

Zoom De frente De lado Desde arriba

El mismo movimiento visto desde ángulos diferentes. Si no tienes claro si estás realizando el ejercicio correctamente, compruébalo en esta sección.

Otras advertencias

Si padeces dolor crónico, lesiones o estás embarazada, consulta a tu médico y no te excedas. Si contienes la respiración durante algún ejercicio, es posible que te aumente la tensión. Por lo tanto, respira de manera natural mientras realizas los ejercicios.

Acumulo demasiada grasa donde no debería

Al mirarnos en el espejo, normalmente nos llama la atención la parte más rolliza de nuestro cuerpo. «Tengo el abdomen cada vez más hinchado…», «El tamaño de mi tren superior es normal, pero tengo los gemelos gordos», «No me atrevo a ponerme camisetas de tirantes». Día tras día, recibo mensajes similares de muchas mujeres. ¿Por qué la grasa corporal rebelde se empeña en acumularse donde no queremos?

En principio, existen dos tipos de grasa rebelde a tener en cuenta cuando nos ponemos a dieta: una es la grasa subcutánea —la que se puede pellizcar con los dedos— y la otra es la grasa visceral que recubre los órganos. Sin embargo, hay un tercer tipo de grasa, la «grasa ectópica», llamada así porque se acumula en una parte donde no debería estar, e incluso dentro de los músculos.

La grasa subcutánea es como la parte blanca del lomo. En cambio, la grasa ectópica se representaría con las pequeñas líneas blancas de la carne marmoleada. Cuanto menos se mueven los músculos, más grasa ectópica acumulan. Por lo general, esto ocurre en la parte inferior del abdomen y en la parte superior de los brazos. Sin embargo, la grasa ectópica tiene prioridad para consumirse. Cuando fríes un filete de lomo, la grasa no desaparece. Sin embargo, en el caso de la carne marmoleada, la grasa se derrite. La grasa ectópica es similar; es decir, son grasas inflamables.

Si quieres tonificar las zonas rebeldes, la mejor manera de hacerlo es quemar la grasa acumulada en los músculos. Al corregir la actividad muscular de cada parte del cuerpo, empezarás a quemar la grasa ectópica de tu cuerpo.

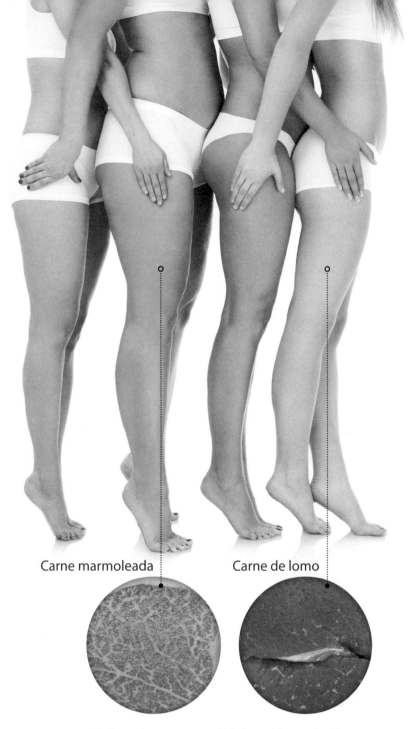

Carne marmoleada

Carne de lomo

Cada tipo de grasa se acumula de forma diferente y en distintos lugares. Los músculos también acumulan grasa, así que no te relajes pensando que, como es músculo, no es grasa.

El secreto para reducir el volumen de las zonas rebeldes en poco tiempo

Lo que ocurre con las partes que más nos gustaría adelgazar es que, por lo general, no las usamos. Como consecuencia, los músculos se debilitan o adquieren rigidez y, finalmente, se deforman. Cuando alguien me dice: «He empezado a hacer ejercicios para adelgazar zonas concretas, pero ahora las tengo más gruesas», normalmente es porque esa persona tiene los músculos deformados. Por otra parte, hoy en día están de moda los cuerpos musculosos y tonificados, y muchas de mis clientas tienen figuras así.

Los ejercicios del método Sakuma Full Body empiezan por corregir los hábitos de los músculos implicados. Al restablecer la actividad muscular, tonificaremos las zonas que nos preocupan en nuestro día a día. Cuando los músculos aprenden movimientos dinámicos, su forma se corrige y la grasa ectópica se consume. De este modo, tonificarás las partes que desees. Además, los músculos con buenos hábitos de movimiento no acumulan grasas de más.

Muchos de los ejercicios que presento en exclusiva en este libro provienen de mi estudio de *fitness* CharmBody, ideado para modelos. Por lo general, pensamos que, para corregir los malos hábitos del cuerpo que tenemos interiorizados desde hace mucho tiempo, es necesaria la ayuda de un entrenador personal con gran conocimiento y experiencia. Sin embargo, este método de cuatro pasos proporciona el mismo resultado.

▼ Al activar los músculos, las zonas rebeldes adelgazan de forma natural.

Estira los músculos para

estar en buena forma

✕

Aumenta los movimientos para

evitar la acumulación de grasa

Estira
los músculos

Lo primero que debemos hacer es estirar y distender los músculos contraídos y rígidos. Si quieres una cintura esbelta, **eleva las costillas y estira el abdomen.** ¿Por qué? Porque la mayoría de la gente que quiere reducir la cintura tiene los músculos del vientre encogidos, y, por eso, independientemente de los ejercicios que realice, no conseguirá la talla que desea. Lo cierto es que es posible que, después de tanto esfuerzo, la cintura aumente de volumen.

Por ello es importante realizar ejercicios que estiren y distiendan tanto las articulaciones como los músculos contraídos y rígidos. Cuando seas capaz de mover adecuadamente las articulaciones y relajes los músculos, te encontrarás en un buen estado muscular. Este es el punto de partida para realizar los ejercicios de este programa y la base para un resultado óptimo.

Estimula

Paso 2

Despierta los músculos inactivos

A continuación, realiza movimientos amplios con los músculos de aquellas partes que te preocupan. La mayoría de la gente que sufre contracturas tiene los músculos de la espalda agarrotados e inactivos. En consecuencia, los huesos no aguantan el peso del tren superior y la carga recae sobre la parte inferior de los muslos y sobre los gemelos. Si notas los muslos o los gemelos cansados aun sin realizar ejercicios extenuantes, esta puede ser la causa. En estas circunstancias, cuando caminas o estás de pie incrementas de forma innecesaria la carga de estas zonas, por lo que su volumen aumenta. Si consideras que es tu caso, realiza estos ejercicios. Si no aprendes a utilizar los músculos, no se moverán lo suficiente y seguirán deformados, pues los movimientos serán tan reducidos que no te ayudarán a quemar grasas corporales. En consecuencia, tu cuerpo seguirá igual.

Solo después de estirar y despertar los músculos, adelgazarás partes concretas de tu cuerpo en poco tiempo.

Recupera la forma muscular

Como he contado antes, al distender y activar los músculos deformados con grasa acumulada, estos empiezan a recuperar su forma. Tras realizar los pasos 1 y 2, el rango de movimiento de los músculos aumentará de manera temporal. Para recuperar la forma muscular permanentemente, se requieren movimientos un poco más exigentes que los que hacemos a diario. Los siguientes ejercicios te ayudarán a quemar la grasa ubicada en el interior de los músculos.

Estos ejercicios reciben el nombre de «entrenamiento negativo»: a medida que estiras los músculos, añades carga. Cuando oímos la expresión «entrenamiento muscular» tendemos a pensar en ejercicios en los que los músculos se encogen, como los abdominales. Sin embargo, el entrenamiento negativo, en el que **los músculos se estiran lentamente al tiempo que se les añade carga, es un veinte por ciento más eficaz.** Además, es ideal para reducir el volumen de determinadas partes, porque, al estirar los músculos, aumenta la flexibilidad. No te preocupes: la carga que añadiremos no será tan elevada como para desarrollar unos músculos voluminosos.

Paso 4

Mantén la forma muscular

Con los ejercicios que hemos visto hasta ahora, quemarás la grasa corporal que se acumula en las zonas rebeldes y prevendrás la acumulación de más grasa. El siguiente paso es permanecer en ese estado.

Ahora, tus articulaciones y músculos ya no estarán rígidos, sino activos y listos para ayudarte a adelgazar. Es el momento de enseñarles a permanecer activos. Los músculos son como un hierro candente: hay que moldearlos mientras están calientes. Además, después de realizar estos ejercicios, empezarás a usar estos músculos en tu día a día. No solo moldearás tu figura, sino que cada vez quemarás grasa con mayor facilidad. Con estos cuatro ejercicios, adelgazar te resultará más fácil a medida que los realices.

¡Solo un minuto! ¿Cómo son los ejercicios para bajar de talla en un instante?

Por desgracia, las partes que más nos gustaría adelgazar suelen ser aquellas con más músculos deformados y voluminosos. Cuando estos están contraídos, su volumen aumenta. En cambio, al estirarlos, el grosor se reduce. Los ejercicios que presento a continuación son eficaces para reducir el volumen, pues, con ellos, estirarás los músculos adecuadamente.

Quizá te preguntes qué diferencia hay entre estos ejercicios y un estiramiento normal y corriente. El efecto del estiramiento dura unos noventa minutos. En cambio, estos ejercicios son entrenamientos musculares que se sirven de la fuerza muscular para estirar y cargar los músculos, por lo que el efecto dura **de la mañana a la noche.**

Al cabo de un día, los músculos recuperan su forma anterior, pero estos ejercicios son útiles cuando deseas lucir una talla menos en un momento concreto o como motivación. Muchas clientas coinciden en que, si se realizan antes de los ejercicios del programa Full Body, adelgazan sin sufrir, y eso aumenta su motivación. Sin embargo, una vez los músculos se acostumbran a moverse, la eficacia de estos ejercicios disminuye.

Si quieres obtener resultados a largo plazo, prueba el método Sakuma. Cuando activamos el torso, el rango de movimiento de todo el cuerpo aumenta y los músculos se estiran, lo que ayuda a reducir el volumen corporal.

▼ Estirar y cargar los músculos al mismo tiempo ayuda a adelgazar.

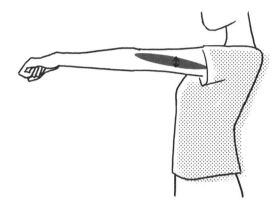

Cuando los músculos están estirados, se reduce su volumen. En cambio, cuando se contraen, se vuelven más gruesos y su forma original se altera.

La duración del efecto de los ejercicios para bajar de talla de forma inmediata depende de la persona y la zona trabajada.

Tengas la edad que tengas, obtendrás resultados

Hay estudios que afirman que los primeros músculos en debilitarse son aquellos que contribuyen a mantener una postura correcta, como los del abdomen, la espalda, las caderas y los muslos. Entonces, ¿qué ocurre con el cuerpo cuando estos se debilitan? En primer lugar, la grasa subcutánea que cubre los músculos pierde consistencia. Esta es la razón por la que los brazos se vuelven fláccidos con el paso del tiempo.

Cuando se debilitan los músculos que nos ayudan a mantener una postura erguida, realizar movimientos amplios cuesta cada vez más. Entonces, las articulaciones pierden flexibilidad y la masa muscular disminuye, por lo que se empieza a acumular grasa, incluso grasa ectópica.

Por supuesto, el método Sakuma Full Body también sirve para trabajar los músculos que ayudan a mantener la postura, y, tengas la edad que tengas, obtendrás resultados. Al activar los músculos débiles e incrementar su rango de movimientos, comenzarás a quemar grasa. Gracias a ello, finalmente estilizarás aquellas zonas que desees.

«Ya soy bastante mayor, así que no obtendré resultados». No pierdas el tiempo con ideas como esta. La efectividad del método no tiene nada que ver con la edad. **Una señora de noventa años me escribió para darme las gracias después de probar el método Sakuma.** Y no solo ella: «Tengo sesenta y cuatro años y he perdido ocho kilos»; «Con sesenta y ocho años, he perdido volumen en la cintura y tengo unos brazos más finos». Cada vez que me escriben para comunicarme resultados exitosos como estos, soy feliz. No importa que tengas ochenta o noventa años: cualquier persona puede conseguir un resultado óptimo.

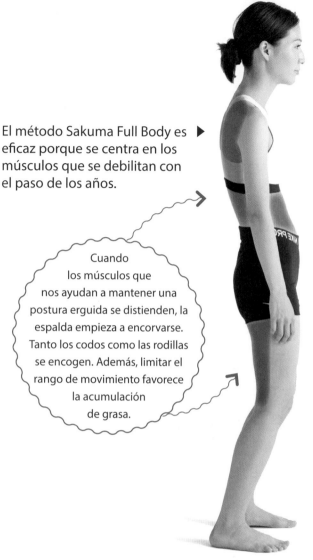

El método Sakuma Full Body es ▶
eficaz porque se centra en los
músculos que se debilitan con
el paso de los años.

Cuando
los músculos que
nos ayudan a mantener una
postura erguida se distienden, la
espalda empieza a encorvarse.
Tanto los codos como las rodillas
se encogen. Además, limitar el
rango de movimiento favorece
la acumulación
de grasa.

Los músculos que nos ayudan a mantener una postura correcta sirven para enderezar la espalda. Son los músculos penniformes, que se distienden constantemente cuando no se utilizan.
Los músculos del torso que las modelos usan a diario incluyen los del abdomen, la espalda y los de alrededor de los omóplatos (transverso abdominal y trapecio), los músculos respiratorios (esternocleidomastoideo, escalenos, intercostales externos y diafragma), los músculos de las caderas y los muslos (glúteo mayor, glúteo medio y aductores). Estos grupos musculares conforman lo que yo llamo «el torso de una modelo». Cuando estos músculos trabajan, el torso se yergue y las zonas voluminosas y problemáticas desaparecen.

Las reglas básicas
para el éxito

Si ya sabes qué zona quieres adelgazar, tu cuerpo está a punto para comenzar con el método Sakuma Full Body. Si no has probado el método Sakuma (del que hablo al detalle en mi libro anterior), el proceso te llevará algo más de tiempo, puesto que el estado del torso influye en el funcionamiento del resto de las partes del cuerpo.

Una vez actives el torso y ejercites los músculos que lo conforman, gracias a este programa corregirás tanto la postura como la inclinación de la pelvis. Pero hay más: todos los músculos del cuerpo empezarán a trabajar en armonía y verás resultados en menos de un mes.

Si nunca has probado el método Sakuma pero te urge tonificar y reducir el volumen de los músculos, recuerda que, con paciencia y constancia, todo se alcanza, así que sigue el programa en su totalidad durante dos semanas. Este método único y efectivo es el más rápido para cambiar tu cuerpo. A partir de la tercera semana, reduce el número de ejercicios y, en los días libres, introduce ejercicios del programa que recoge este libro. ¡Tendrás el cuerpo que deseas en menos de dos meses!

Empieza con los ejercicios pensados para trabajar las partes que más te preocupan. Cuanto antes realices estos ejercicios, más eficaces serán. Si quieres adelgazar el abdomen, empieza con el ejercicio específico para esa zona. ¿Deseas cambiar más partes de tu cuerpo? Puedes realizar otros ejercicios después. Como he dicho antes, empieza siempre por los estiramientos.

Cómo seguir
el método Sakuma Full Body

Si sabes qué parte quieres adelgazar

Realiza solo los ejercicios del método Sakuma Full Body. Obtendrás la figura que deseas en dos o tres meses.

Si has completado el método Sakuma

Empieza con el método Sakuma Full Body. Notarás los resultados al cabo de un mes.

Si tienes prisa pero no has seguido el método Sakuma

Durante las primeras dos semanas, dedícate solo al método Sakuma. A partir de la tercera, empieza a hacer los ejercicios del programa Full Body que recojo en este libro.

Primero,
¡la cintura y las caderas!

Capítulo 2

Ejercicios para adelgazar el abdomen

Una persona delgada puede acumular grasa ectópica

Mucha gente que a primera vista es delgada tiene grasa ectópica, sobre todo las personas que no acostumbran a practicar deporte. Esto se debe a que los músculos finos también pueden acumular grasa ectópica. Si alguien no sigue una alimentación adecuada y toma dulces entre horas, la cantidad de grasa acumulada aumenta. Este fenómeno recibe el nombre de «obesidad oculta».

    ¿Es este uno de tus quebraderos de cabeza? No te preocupes. La grasa ectópica es la más fácil de quemar de los tres tipos de grasa corporal que existen. Con el método Sakuma Full Body, cambiarás tu figura, quemarás grasa de las zonas rebeldes con tan solo cuatro minutos de ejercicio al día y conseguirás un cuerpo esbelto y sano. Un pequeño gesto al día es suficiente para alcanzar tus propósitos.

Reduce el volumen
de la cintura en un instante

Coloca las manos debajo de la cabeza y gira las caderas para que los omóplatos desciendan. Al respirar en esta postura, la cintura recuerda la forma del abdomen metido hacia dentro. Con este ejercicio, tonificarás la cintura.

1

Túmbate bocarriba
y flexiona las rodillas.

Coloca una toalla doblada debajo de la cintura. Lleva las manos debajo de la cabeza y túmbate bocarriba. Abre las piernas a la anchura de las caderas y flexiona las rodillas.

2

Curva la cintura hasta que deje de tocar la toalla.

Mantén esta postura.

Zoom

3

Mientras respiras, mete el vientre hacia adentro.

Mantén la posición 2 durante 20 segundos. Exhala durante los primeros 10 segundos. Inhala una vez y exhala otros 10 segundos. Inhala de nuevo.

Zoom

Mantén el abdomen hacia dentro mientras respiras.

Repite 3 veces

35

Estirar el torso te ayudará a reducir el volumen de la cintura

Para conseguir una cintura esbelta es necesario estirar los múscu-los del torso; cuanto más contraído está el torso, más voluminosa es la cintura.

Los músculos que nos ayudan a mantener una buena postura se debilitan con los años. Esto causa problemas posturales como la retroversión de la pelvis, espalda encorvada, hombros curvados hacia dentro y músculos abdominales contraídos. Puesto que la cintura está presionada tanto desde arriba como desde abajo, es más ancha y se mueve menos, por lo que tendemos a acumular grasa en esta zona. Si te cuesta inclinar el tren superior hacia los lados o girarlo hacia atrás, ten cuidado.

Para solucionar el problema y conseguir una cintura esbelta hay que estirar el torso. Los dos primeros ejercicios se realizan tumbados bocarriba. Esta postura permite que los músculos ab-dominales se estiren y que las articulaciones de los hombros y de las caderas recuperen la flexibilidad.

El tercer ejercicio te ayudará a recuperar la flexibilidad en los huesos de la espalda y a estilizar la cintura. Estirar y torcer el tor-so al mismo momento estimula el cuerpo. El último ejercicio per-mite al torso memorizar la postura durante el estiramiento. Esto equivale a cuatro minutos de ejercicios. Al realizarlos, notarás tu cuerpo cada vez más ligero y te resultará más fácil moverte. Ade-más, reducirás el volumen de la cintura de forma constante. Estos ejercicios son aptos y eficaces también para las personas mayores.

▼ Cuando el abdomen se contrae puede acumular grasa

Al estirar los músculos del torso, no acumularás grasa en la cintura. Además, esta postura permite mover la cintura en movimientos amplios, quema grasa corporal y previene su acumulación.

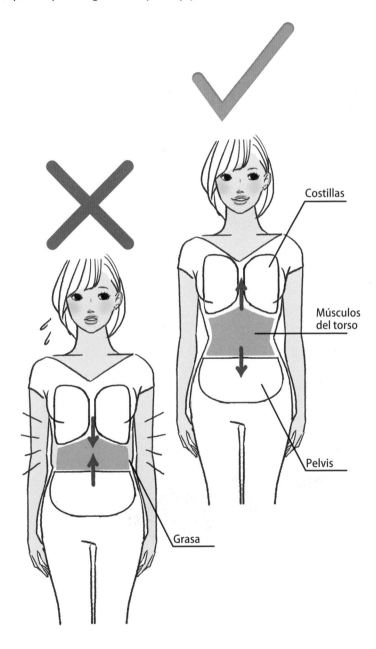

Costillas

Músculos del torso

Pelvis

Grasa

Para una cintura esbelta

Ejercicio de preparación: relaja los músculos y estira la cintura. Preparar los músculos te ayudará a obtener mejores resultados en los ejercicios 2-4.

Postura inicial

Túmbate bocarriba y coloca las manos debajo de la cabeza.

1

Sube las rodillas y dóblalas en un ángulo de 90 grados.

Estira los dedos hacia arriba y mantén la rodilla en esa posición.

2 Deja caer la pierna elevada.

Mantén los hombros y los brazos pegados al suelo e inclina la pierna hacia la cara interior del muslo. Mantén la posición 3 segundos. No intentes tocar el suelo con la pierna desde el principio; hazla descender poco a poco.

Repite 5 veces

Haz lo mismo con la otra pierna

Mantén la posición 3 segundos

Clave

No separes los hombros ni los brazos del suelo.

¡OK!

Cintura esbelta
Ir al ejercicio ▶ 2

1 Cintura esbelta — **Estiliza**

2 Cintura esbelta — **Estimula**

3 Cintura esbelta — **Fortalece**

4 Cintura esbelta — **Fija**

Para una cintura esbelta

E J E R C I C I O ▶ 2

Cuando las articulaciones de las caderas y de los hombros están rígidas, los músculos del torso no se pueden estirar y resulta imposible estilizar la cintura. Con este ejercicio incrementarás el rango de movimiento de las articulaciones a la vez que estiras el torso.

4 | 1
Estimula
3 | 2

Postura inicial

Túmbate bocarriba y extiende los brazos a los lados. Junta las piernas y flexiona las rodillas.

1 Dobla los codos.

Dobla los codos en un ángulo de 90 grados y coloca las manos en el suelo.

2

Sin separar las piernas, déjalas caer a la izquierda. Baja la mano izquierda y toca el suelo con la palma.

Junta las piernas y llévalas a la izquierda durante 3 segundos. Toca el suelo con la palma de la mano izquierda.

Mantén los hombros pegados al suelo.

3

Repite el proceso con el lado derecho del cuerpo.

Repite 10 veces los pasos 2 y 3

Separa las rodillas si así te resulta más fácil.

¡OK!	¡OK!	Para una cintura esbelta Ir al ejercicio ▶ 3		
Cintura esbelta 1	Cintura esbelta 2		Cintura esbelta 3	Cintura esbelta 4
Estiliza	Estimula		Fortalece	Fija

Para una cintura esbelta

E J E R C I C I O ▶ 3

Haz fuerza mientras mantienes el torso estirado para que los músculos trabajen. Mueve la cadera hacia delante mientras haces fuerza con los glúteos. De este modo, fortalecerás varios músculos a la vez y reducirás el volumen de la cintura.

4 1
Fortalece
3 2

1 Arrodíllate y cruza los brazos sobre el pecho.

Ponte de rodillas con las piernas separadas a la anchura de las caderas. Coloca los brazos cruzados delante del pecho y haz fuerza con los glúteos.

¡NO!
No subas los brazos demasiado. Si lo haces, las caderas rotarán más de lo necesario y recibirán una carga excesiva.

Flexiona los tobillos.

Si te duelen las rodillas...
Coloca una toalla en el suelo.

2

Gira el torso y tócate el pie del lado opuesto con la mano.

Mantén el torso girado durante 3 segundos. Lleva la mano izquierda hacia talón derecho. Mantén la posición 3 segundos. Mira hacia atrás para girar la cara. Mantén el brazo derecho en la postura 1.

Repite 5 veces

Repite hacia el otro lado

Mantén la posición 3 segundos

¡ASÍ NO!

Si no haces fuerza con los glúteos, no estirarás el torso lo suficiente y, además, cargarás peso en las rodillas.

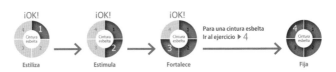

¡OK!
Cintura esbelta
Estiliza

¡OK!
Cintura esbelta
Estimula

¡OK!
Cintura esbelta
Fortalece

Para una cintura esbelta
Ir al ejercicio ▶ 4

Cintura esbelta
Fija

Para una cintura esbelta

E J E R C I C I O ▶ 4

Este ejercicio no solo sirve para estirar hacia arriba, sino también en diagonal. Los músculos del torso trabajan de forma integral y así estilizamos la cintura.

Postura inicial

Ponte de pie junto a una pared y apoya la mano derecha en ella.

1 Sube el brazo izquierdo.

Aprieta el puño del brazo izquierdo y levántalo para formar una uve.

2

Lleva la rodilla derecha al codo izquierdo.

Levanta la rodilla derecha hasta el codo izquierdo, justo por delante del ombligo, y mantén la postura 3 segundos. No es necesario que mantengas la espalda recta.

Repite 10 veces

Repite hacia el otro lado

Más fácil

Puedes doblar tanto el brazo apoyado en la pared como la rodilla de la pierna que sostiene el cuerpo. Al flexionar la rodilla, el rango de movimiento de la articulación de las caderas se duplica.

¡OK! — Cintura esbelta 1 — Estiliza

¡OK! — Cintura esbelta 2 — Estimula

¡OK! — Cintura esbelta 3 — Fortalece

¡OK! — Cintura esbelta 4 — Fija

Seguimos durante 28 días

PREGUNTA

¿Cómo consigo una cintura esbelta?

RESPUESTA

Una de las condiciones más importantes para obtener una cintura estilizada es ser capaz de realizar movimientos amplios con los omóplatos, la columna vertebral y las caderas.

Sin embargo, los ejercicios para conseguir una cintura esbelta y los ejercicios para activar el torso que propongo permiten estilizar la cintura aunque no puedas hacer movimientos amplios con esas partes. Ambos tipos de ejercicios son muy eficaces a la hora de conseguir la figura de tus sueños, a la que todas las modelos aspiran. La zona situada 2 cm por encima del ombligo es la más delgada del cuerpo. Muchas mujeres con las caderas anchas tienen esta parte más delgada un poco más arriba. Por lo tanto, simplemente con modificar esta zona, el aspecto del cuerpo cambia por completo. Obtendrás el resultado deseado solo con estirar el torso, por lo que deberás evitar ejercicios que consistan en contraer los músculos del tronco.

Por cierto: si tienes la pelvis inclinada hacia delante, aunque te resultará más fácil lograr tus objetivos, te costará más quemar la grasa de la zona de las caderas. En este caso, los ejercicios dirigidos a trabajar los muslos te ayudarán a mantener una silueta equilibrada.

PREGUNTA

Se me marcan demasiado las costillas, ¿qué puedo hacer?

RESPUESTA

Las personas con la cadera torcida pueden tener este problema. Esto ocurre cuando el peso del cuerpo recae sobre la cadera, porque la articulación está rígida y la zona alrededor de las costillas es demasiado flexible. En consecuencia, los niveles de grasa disminuyen y las costillas se proyectan hacia delante.

El ejercicio que propongo para conseguir una cintura esbelta es eficaz incluso para quienes sufren este problema. ¿Te duelen las caderas? No te preocupes. Con este ejercicio no tendrás que moverlas. Dado que inclinarás la pelvis con la ayuda de los músculos de la ingle y de los omóplatos inferiores, las costillas permanecerán en su posición habitual, sin desplazarse hacia delante.

Las personas con la pelvis inclinada hacia delante (anteversión) suelen tener las caderas muy duras, en contraposición a unos músculos abdominales blandos y flácidos. Con este ejercicio, obtendrás un vientre plano y esbelto, además de una cintura estilizada.

Reduce la talla del abdomen bajo en un instante

En nuestro día a día, rara vez estiramos y contraemos la parte inferior del abdomen. Con este ejercicio, estirarás el músculo psoas mayor, la clave para reducir el volumen del abdomen. Al girar el torso hacia atrás y combinar este movimiento con el de la pierna, el psoas mayor se estira por completo. Mantener esta posición reduce la talla del abdomen.

Postura inicial

Túmbate bocabajo, coloca la barbilla sobre las manos y mira hacia delante. Separa las piernas a la anchura de las caderas.

Flexiona los tobillos.

1 Flexiona una rodilla.

Mantén una pierna recta y dobla la rodilla de la otra. Mantén los tobillos flexionados.

2 Levanta la pierna que has doblado y llévala al lado contrario.

Sube la pierna doblada y llévala hacia atrás, hasta tocar el suelo. Mantén la postura 6 segundos. No gires la pierna de golpe; realiza la torsión poco a poco.

Mantén la postura 6 segundos

Repite 5 veces
Repite hacia el otro lado

✕

¡ASÍ NO!

No gires solo la pierna.
Para estimular el psoas mayor, realiza la torsión desde la cadera.

La clave para reducir la grasa del abdomen bajo es la ingle

Para reducir el volumen de la zona abdominal, lo primero que debes hacer es restablecer la posición de la pelvis, que seguramente esté inclinada hacia atrás (retroversión pélvica). La clave para conseguirlo se encuentra en el psoas mayor, un músculo que va desde la cadera hasta la ingle y que influye también en el movimiento de los omóplatos y de los oblicuos externos del abdomen.

¿Por qué es importante trabajar estos músculos y no la parte inferior del abdomen? En primer lugar, porque, cuando la pelvis está inclinada hacia atrás, el psoas mayor, que conecta el tren superior y el inferior, se debilita. Este músculo llega hasta la ingle y nos ayuda a mover las piernas cuando damos grandes zancadas. Además, la parte inferior y frontal del abdomen se sostiene gracias al psoas mayor, donde se apoya la parte inferior y frontal del abdomen. Como consecuencia, cuando el psoas mayor está débil, la tripa sobresale más. Por eso debemos cuidar este músculo.

Un psoas mayor débil también puede provocar que tanto el músculo recto abdominal como los oblicuos se contraigan y endurezcan. Por ello, también debemos estirar estos músculos. Una vez estiremos los oblicuos, podremos mover el psoas mayor del lado contrario. Cuando el psoas mayor se debilita, los omóplatos se elevan, por lo que es necesario realizar ejercicios para fortalecer la parte inferior de los omóplatos para, así, mantener una postura correcta y el funcionamiento del psoas mayor.

Por último, realizaremos un ejercicio para contraer el psoas mayor y la parte inferior de los omóplatos al mismo tiempo. Este ejercicio te ayudará a elevar la posición de las costillas y a expandir el pecho, con lo que conseguirás que toda la parte abdominal se eleve y que la barriga disminuya. Repite los ejercicios imaginando que tu abdomen es un globo hinchado que estás estirando. De esta manera, el abdomen ampliará su rango de movimiento y estirarás más los músculos, lo cual te ayudará a quemar más grasa.

▼ Es importante recuperar la funcionalidad del psoas mayor

Para restablecer la fuerza del psoas mayor —el músculo clave en la reducción de volumen de la parte inferior del abdomen—, estimula el trapecio y los oblicuos, los músculos que trabajan junto con el psoas mayor. Así crearás un equilibrio muscular perfecto para quemar grasa y reducir el abdomen bajo.

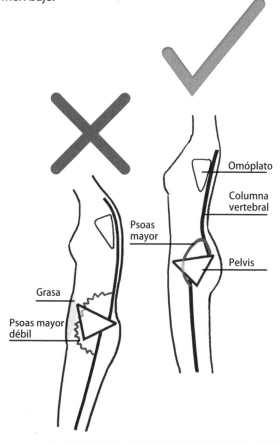

Omóplato

Columna vertebral

Psoas mayor

Pelvis

Grasa

Psoas mayor débil

¿Por qué hay que mover los omóplatos?
La duodécima vértebra dorsal está conectada con el psoas mayor y con el trapecio. Cuando el psoas mayor se debilita, el trapecio también se ve afectado. Por ello, es imprescindible trabajar el trapecio para fortalecer el psoas mayor.

Trabaja los omóplatos

Para el abdomen bajo

E J E R C I C I O ▶ 1

Cuando la pelvis está inclinada hacia atrás, la distancia entre esta y las costillas disminuye, lo que da lugar a la acumulación de grasa en el abdomen. Para separar estas dos partes, debemos subir los brazos. Los oblicuos, que conforman una de las claves para reducir el volumen del abdomen bajo, trabajan cuando el tren superior se inclina lateralmente. Por ello, debemos estirarlos todo lo posible.

Postura inicial

Siéntate en una silla con la espalda recta. Separa las piernas a la anchura de los hombros.

1

Agárrate los codos y eleva los brazos.

Agárrate los codos y súbelos por encima de la cabeza. No inclines los brazos.

Más fácil

Si no puedes subir los brazos, empieza por los ejercicios de *El método Sakuma*. Si aun así no puedes, agárrate las muñecas en lugar de los codos.

2 Inclina el cuerpo hacia un lado.

Inclina el tren superior hacia un lado y mantén la postura 3 segundos. Repite hacia el otro lado. Al principio, no intentes mover mucho el cuerpo; inclínalo poco a poco.

Mantén la postura 3 segundos

No subas el glúteo.

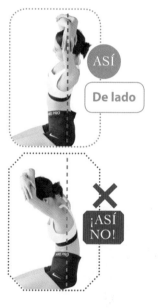

ASÍ

De lado

✕ ¡ASÍ NO!

✕ ¡ASÍ NO!

No levantes los pies del suelo. Al pisar el suelo con fuerza, estimularás el psoas mayor.

Repite 10 veces

¡OK!

Abdomen bajo
Ir al ejercicio ▶ 2

Estiliza

Abdomen bajo 2

Estimula

Abdomen bajo

Fortalece

Abdomen bajo

Fija

Para el abdomen bajo

E J E R C I C I O ▶ 2

Si tienes la pelvis en retroversión, es posible que tiendas a acumular grasa en la zona inferior del abdomen, ya que los omóplatos están más arriba y el abdomen permanece contraído. Con este ejercicio trabajarás el trapecio y el psoas mayor y corregirás la inclinación de la pelvis.

Estimula
4 1
3 2

1 Inclina el cuerpo hacia adelante.

Inclina el cuerpo hasta que los hombros y los tobillos estén alineados verticalmente.

Mantén la espalda recta.

Postura inicial

Siéntate en una silla y separa las piernas a la anchura de los hombros.

No coloques las palmas hacia abajo

Para que la parte inferior de los omóplatos trabaje, las palmas deben mirar hacia adentro.

¡ASÍ NO!

2 Sube los brazos por delante.

Tómate 3 segundos para levantar los brazos por delante, como si dibujaras la mitad de un círculo con ellos. Separa los brazos en forma de V, con las palmas mirando hacia dentro. Mantén la postura 3 segundos.

De frente

Abre los brazos y dibuja una V.

¡ASÍ!

Mantén la postura 3 segundos

Los brazos no deben estar en paralelo.

¡ASÍ NO!

Repite 10 veces

¡OK!

Abdomen bajo

Estiliza

¡OK!

Abdomen bajo

Estimula

Abdomen bajo
Ir al ejercicio ▶ 3

Abdomen bajo

Fortalece

Abdomen bajo

Fija

Para el abdomen bajo

E J E R C I C I O ▶ 3

Al inclinar el cuerpo a los lados, estimulas el psoas mayor y el rango de movimiento del abdomen bajo aumenta. Fortalecer el psoas mayor ayuda a quemar grasa en la parte inferior del abdomen y a corregir la posición de la pelvis.

4 | 1
Fortalece
3 | 2

1

Da un paso adelante con la pierna izquierda y coloca la rodilla en el suelo.

Lleva el peso hacia la pierna delantera para estirar el muslo de la pierna de atrás.

Postura inicial

Colócate de pie con la espalda recta.

Más fácil

Adelanta más la pierna.
Si te cuesta, da un paso más grande.

2

Sube el brazo derecho.

Sube y estira el brazo derecho. Mantén el izquierdo pegado al cuerpo.

Mantén la postura 3 segundos

3

Inclina el cuerpo hacia el lado izquierdo y estira el brazo de ese lado hacia abajo.

Con el brazo todavía elevado, tómate 3 segundos para inclinar el cuerpo hacia el lado contrario. Si puedes, toca el suelo con la mano que está abajo. Mantén la postura 3 segundos.

Si te duelen las rodillas

Lleva el peso hacia la pierna delantera. Si no, es posible que cargues demasiado peso en las rodillas y te lesiones.

Repite 5 veces
....
Repite hacia el otro lado

¡OK!
1
Abdomen bajo
Estiliza

¡OK!
2
Abdomen bajo
Estimula

¡OK!
3
Abdomen bajo
Fortalece

Abdomen bajo
Ir al ejercicio ▶ 4

4
Abdomen bajo
Fija

Para el abdomen bajo

E J E R C I C I O ▶ 4

Al expandir el pecho, las costillas suben y llevamos la parte baja del abdomen hacia dentro. Al mantener esta postura, el psoas mayor y los omóplatos se contraen, lo cual permite a los músculos fijarse en una posición eficiente para reducir el volumen del tren inferior. Eleva bien los codos para tirar de las costillas hacia arriba.

4	1
Fija	
3	2

Postura inicial

Colócate de pie con la espalda recta.

1

Flexiona las rodillas ligeramente.

Agárrate los brazos y levántalos para que estén en paralelo al suelo.

← — — — — —

Desliza el codo
hacia adelante.

Mantén la
postura 3
segundos

————— Estira la columna.

2

Desde la cadera, inclina hacia adelante el tren superior.

Tómate 3 segundos para deslizar los codos hacia delante e inclinar el cuerpo desde la articulación de la cadera. Mantén la postura 3 segundos.

✕ ¡ASÍ NO!

No bajes los brazos. Si no los levantas, las costillas no trabajarán.

**Repite
10 veces**

¡OK!   ¡OK!   ¡OK!   ¡OK!
   1   1   1   1   Seguimos
4 Abdomen   4 Abdomen   4 Abdomen   4 Abdomen   durante 28 días
   bajo   bajo   bajo   bajo
3   2   3   2   3   2   3   2
    Estiliza   Estimula   Fortalece   Fija

PREGUNTA

El abdomen bajo gana volumen solo. ¿Por qué?

RESPUESTA

«Aunque no me preocupa la cintura, tengo el vientre hinchado», «La parte inferior del abdomen no deja de crecer», etc. Si el abdomen bajo empieza a llamarte la atención, ten cuidado. En estos casos, es posible que, al contraerse e hincharse el abdomen, órganos como el estómago o el intestino también se hayan desplazado hacia abajo.

Antes he mencionado que la parte inferior y frontal del abdomen se apoyan en el psoas mayor, pero este músculo no solo soporta las grasas y músculos, sino que también sirve de apoyo a órganos como los intestinos. Cuando el psoas mayor se debilita, los intestinos se desplazan hacia abajo o hacia los lados. Esto provoca que el estómago descienda y provoque, literalmente, un «estómago caído».

Además, este desplazamiento de los órganos hacia abajo puede ocasionar estreñimiento o frío corporal. De hecho, muchas personas con el abdomen bajo hinchado sufren algún tipo de molestia. Intenta acostumbrarte a realizar los ejercicios de este libro no solo para corregir la postura, sino también para aliviar estas molestias.

PREGUNTA

¿Cuál es la peor costumbre si quiero reducir el abdomen bajo?

RESPUESTA

Una de las preocupaciones más habituales entre la gente es la hinchazón abdominal. Uno de los peores métodos para resolver este problema son los abdominales estándar o los *sit-ups*.

Estos ejercicios son sencillos, ya que la posición inicial consiste en tumbarse en el suelo. ¿Pero son beneficiosos para la zona abdominal? Los músculos del abdomen bajo no trabajan con estos movimientos para estirar y contraer la zona; estos ejercicios estimulan los músculos de la parte superior, los que se encuentran por encima del ombligo. En resumen, con estos ejercicios solo entrenarás los músculos de la parte superior del abdomen. Si quieres aumentar el volumen de la zona del abdomen, te resultarán útiles, pero no son adecuados si tu objetivo es adelgazar el abdomen bajo.

Además, con estos ejercicios la pelvis se inclina hacia atrás, lo que provocará el efecto contrario. Cuantos más ejercicios de este estilo hagas, mayor será la hinchazón de la parte inferior del abdomen.

No cubras tus piernas
con la ropa

Capítulo 3

Ejercicios para
adelgazar las
piernas

Hábitos que provocan una cintura más gruesa

Tener la espalda encorvada o la pelvis en retroversión provoca la hinchazón del vientre. Estar sentado a la mesa con la espalda encogida o usar el teléfono con la cabeza hacia abajo favorecen este problema… Si mantienes estos hábitos, el volumen de la zona abdominal será cada vez mayor. La postura ideal cuando estás con el ordenador es que, vistos de perfil, los hombros y los codos estén alineados. Si uno de los dos se desplaza hacia delante, la pelvis se inclinará hacia atrás.

Sentarse en el centro de la silla tampoco es bueno. Cuando haces esto, la espalda se apoya en el respaldo y provoca la retroversión de la pelvis. Tenlo en cuenta también cuando te sientes en el transporte público. Prestar un poco más de atención a estas cuestiones en el día a día te ayudará a reducir y a prevenir la hinchazón abdominal.

Reduce el volumen de los muslos en un instante

Este ejercicio tonifica los músculos que se encuentran entre la ingle y las rodillas en un instante. Si tienes los muslos robustos, esto puede deberse a la rigidez y contracción de los músculos sobrecargados. Con este ejercicio, al rotar la cintura y estirar firmemente la cara anterior del muslo, ejercitarás también la otra pierna, desde la ingle hasta la rodilla.

Flexiona los tobillos.

1 Arrodíllate y estira la espalda.

Separa las piernas a la anchura de las caderas y colócate de rodillas. Estira bien la espalda.

2 Adelanta el pie izquierdo.

Da un paso grande hacia delante. Mantén el pie derecho apoyado en el suelo.

3 Agarra el pie derecho.

Con la mano derecha, sujeta el pie derecho..

4 Mantén la espalda inclinada.

Deja que el peso del cuerpo recaiga sobre el muslo de la pierna izquierda y mantén la postura durante 10 segundos. Coloca la mano izquierda en el suelo, cerca del pie.

Mantén la postura 10 segundos

Repite 3 veces

Repite con el otro pie

65

Recuperar el equilibrio muscular ayuda a reducir el volumen de los muslos fuertes

Si quieres reducir el volumen de los muslos, primero debes equilibrar su musculatura. Ese simple gesto será suficiente para que notes cómo se tonifican.

Si no hay equilibrio muscular, el peso del cuerpo recae únicamente sobre un lado, el más grueso. La razón principal es la inclinación de la pelvis, que puede estar en anteversión o en retroversión. Cuando la pelvis está inclinada hacia delante, la zona entre la ingle y la mitad del muslo gana volumen; esto da lugar a la famosa forma de pera de muchas mujeres occidentales. En cambio, cuando está inclinada hacia atrás, son los músculos por encima de las rodillas y alrededor de los tobillos los que ganan volumen.

Con los siguientes ejercicios corregiremos, en primer lugar, los malos hábitos corporales para ayudarte a recuperar la fuerza y el equilibrio musculares, de forma que los músculos sostengan la pelvis verticalmente. A continuación, ajustaremos la postura de la pelvis usando los músculos psoas mayor y glúteo mayor. Después, trabajaremos con la parte trasera de los muslos para equilibrar la pelvis. La mayoría de las mujeres no usan los músculos de la cara posterior de los muslos en su vida diaria. Por lo general, el 70 % de la carga corporal recae sobre la cara anterior y solo el 30 % sobre la posterior, lo cual provoca un desequilibrio y una sobrecarga de los músculos de la cara anterior. Fortalecer los músculos traseros y reducir la carga delante te ayudará a alcanzar un buen equilibrio muscular.

Para terminar, trabajaremos los músculos de la cara interior para fijar los músculos de la zona exterior y facilitar la pérdida de volumen. Al recuperar el equilibrio muscular, la carga sobre los músculos se equilibrará y perderás volumen en los muslos. Gracias a estos ejercicios, experimentarás un cambio notable.

▼ ¿Qué zona es más voluminosa?
Todo depende de la inclinación de la pelvis.

Cuando un paraguas está inclinado en diagonal y el agua cae con fuerza desde arriba, es posible que se deforme por el lado en el que cae. Sin embargo, si el paraguas se encuentra en posición vertical y el agua cae con la misma fuerza, permanecerá equilibrado, pues la carga se distribuirá de forma proporcional. Lo mismo ocurre con las piernas. Mantenerlas rectas ayuda a evitar la sobrecarga de los músculos.

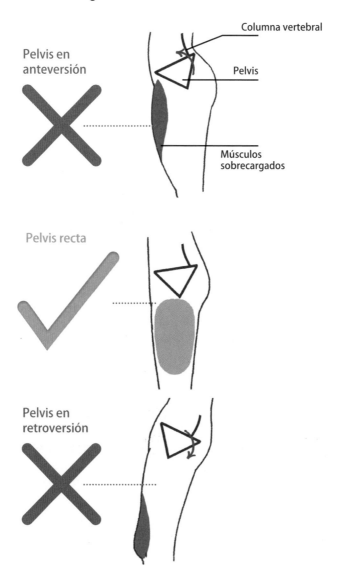

Para los muslos

E J E R C I C I O ▶ 1

La mayoría de las personas que se preocupan por los muslos no usan el músculo aductor ni el glúteo medio correctamente. En este ejercicio, al separar las rodillas, el glúteo medio se contrae y los aductores se estiran. Al juntar las rodillas, ocurre lo contrario: los aductores se contraen y el glúteo medio se estira. Se trata de un ejercicio muy eficaz para trabajar estos músculos.

4 1 Estiliza 3 2

Postura inicial

Túmbate de lado. Coloca una mano debajo de la cabeza y la otra en el suelo.

1 Flexiona las rodillas.

Junta las piernas y dobla las rodillas hasta formar un ángulo recto. Flexiona también los tobillos.

Alinea los hombros, la pelvis y los tobillos. Si no sabes si lo estás haciendo bien, túmbate bocarriba con las rodillas dobladas y gira el cuerpo hacia un lado.

Desde arriba

2

Separa las rodillas sin mover los tobillos.

Sin despegar los tobillos, separa las rodillas en un ángulo de 45 grados.

3

Junta las rodillas y separa los pies.

Mantén las rodillas juntas y separa los pies en un ángulo de 45 grados.

Mantén la postura de los pasos 2 y 3 durante 30 segundos

·······················

Repite con la otra pierna

¡OK!

Abdomen bajo
Ir al ejercicio ▶ 2

Muslos 1 2 3 4 — Estiliza

Muslos 1 2 3 4 — Estimula

Muslos 1 2 3 4 — Fortalece

Muslos 1 2 3 4 — Fija

Para los muslos

E J E R C I C I O ▶ 2

Con este ejercicio trabajarás el glúteo mayor. Al hacerlo, la musculatura de los muslos recuperará su forma y su posición original. Coloca una toalla debajo de las rodillas para evitar que la cadera se curve demasiado, de modo que puedas corregir la inclinación de la pelvis.

Postura inicial

Coloca las manos y las rodillas en el suelo y asegúrate de tener una toalla cerca.

1 Coloca la toalla detrás de una rodilla.

Sujeta la toalla con la corva. Mantén los tobillos flexionados y alinea las manos con los hombros.

Flexiona los tobillos.

2

Levanta la pierna mientras sujetas la toalla.

Alza despacio la pierna que sujeta la toalla hasta donde puedas. No subas la barbilla.

3

Baja la pierna.

Baja despacio la pierna. Adelanta la rodilla un poco con respecto a la posición inicial.

Más fácil Es efectivo aunque no levantes mucho la pierna.

Repite 10 veces los pasos 2 y 3

Repite con la otra pierna

¡OK!
Muslos
1
Estiliza

¡OK!
Muslos
2
Estimula

Abdomen bajo
Ir al ejercicio ▶ 3
Muslos
3
Fortalece

Muslos
4
Fija

Para los muslos

E J E R C I C I O ▶ 3

En la vida diaria, los músculos de la cara anterior de los muslos trabajan demasiado. Fortalecer la cara posterior ayuda a trasladar la carga hacia atrás. Con este ejercicio, equilibrarás la pelvis y fortalecerás la parte trasera de los muslos. Además, al moverte con los brazos estirados, restablecerás la posición de las costillas y de los omóplatos.

4 1
Fortalece
3 2

Zoom

Las palmas deben mirarse.

1

Colócate de pie con los brazos estirados hacia delante.

Ponte de pie con los brazos estirados hacia delante. Gira las palmas hacia el interior.

2

Desliza los brazos hacia delante e inclina el tren superior.

Sin doblar los codos, tómate 3 segundos para desplazar los brazos hacia delante y, a la vez, inclina el tren superior en la misma dirección, por encima de la articulación de la cadera. Mantén la postura 3 segundos. Lleva el peso hacia la parte delantera de los pies y presta atención a cómo se estira la cara posterior de los muslos.

No curves la espalda.

✖ ¡ASÍ NO!

Mantén la postura 3 segundos

Más difícil

Zoom

Lleva el peso hacia la parte delantera de los pies.

Sostén una botella de agua de 500 ml llena en cada mano. Aguántala verticalmente sin sujetarla con los pulgares.

Repite 10 veces

¡OK!　Muslos　Estiliza → ¡OK!　Muslos　Estimula → ¡OK!　Muslos　Fortalece → Abdomen bajo Ir al ejercicio ▶ 4 → Muslos　Fija

Para los muslos

Este ejercicio ayuda a fijar los músculos de las caras interior y exterior de los muslos en una posición que facilita la
pérdida de volumen. Al bajar la cadera con las puntas de
los pies orientadas hacia fuera estimulas los músculos de
la cara interior de los muslos. Cuanto mayor sea el ángulo
de apertura de las puntas de los pies, más se fortalecerán
estos músculos y los de los glúteos.

4 | 1
Fija
3 | 2

1

Agárrate los codos. Ponte de pie y sube los brazos horizontalmente.

Colócate de pie, separa mucho las
piernas y orienta las puntas de los
pies y las rodillas hacia fuera. Agárrate los codos, súbelos y colócalos
en paralelo al suelo.

De lado

Mantén los pies y
las rodillas mirando
hacia fuera.

Más fácil

Resulta más cómodo
si colocas los pies en
un ángulo de 45
grados.

45° | 45°

74

2

Baja la cadera hasta que los muslos estén en paralelo al suelo.

Mantén la espalda recta y baja la cadera hasta que los muslos estén en paralelo al suelo. No intentes agacharte de golpe, hazlo poco a poco.

Zoom

Mantén la postura 6 segundos

Repite 10 veces

De lado

¡ASÍ NO!

Las rodillas no deben mirar hacia dentro.
Mantén las puntas de los pies y las rodillas orientadas en la misma dirección. De lo contrario, puedes provocarte una lesión en las rodillas o aumentar el volumen de la cara exterior de los muslos.

¡OK!
Muslos
Estiliza

¡OK!
Muslos
Estimula

¡OK!
Muslos
Fortalece

¡OK!
Muslos
Fija

Seguimos durante 28 días

Pregunta

Me gustaría ponerme pantalones *slim*. ¿Lo conseguiré?

Respuesta

«No me quedan bien los pantalones estrechos» es una frase que mucha gente utiliza y piensa. ¿Por qué? La causa principal es la anchura de los muslos. La mayoría de la gente con muslos anchos tiene la cara interior blanda y la cara exterior muy fuerte. Para solucionarlo, tratan de hacer ejercicios diseñados para trabajar los muslos en un intento de reducir grasa, pero lo primero que deben hacer es reducir el volumen de los músculos de la cara exterior, que es mayor porque están más desarrollados que otros músculos del tren inferior.

Utilizar únicamente los músculos exteriores cuando caminas o entrenas equivale a practicar ejercicios musculares durante 24 horas sin parar. Además, al ejercitar solo un lado, el resto de los muslos no trabajan y acumulan grasa. Para evitarlo debes distribuir correctamente la carga de peso en los muslos, para recuperar el equilibrio. Si evitas que el peso recaiga solo sobre la cara exterior, tonificarás los muslos.

Pregunta

Tengo los músculos muy voluminosos. ¿Qué puedo hacer?

Respuesta

Mucha gente se preocupa porque tiene los músculos de los muslos muy desarrollados. Esto ocurre porque, cuando estas personas están de pie, la pelvis tiende a inclinarse hacia delante, pero, una vez empiezan a caminar, la pelvis se inclina hacia atrás. Para estas personas con problemas de inclinación de la pelvis no es raro tener los muslos robustos y fuertes.

Aquellos que han practicado deportes de pelota deben tener especial cuidado. Tanto los movimientos horizontales de impacto como los movimientos en cuclillas estimulan los muslos. Los movimientos del día a día ejercitan las caras anterior y lateral de los muslos, por lo que los músculos desarrollados en ambas partes no perderán volumen aunque dejes de practicar deporte. Además, a pesar de que el cuerpo queme menos calorías, si la ingesta calórica no experimenta ningún cambio, los músculos que no reciben estímulos suficientes empezarán a acumular grasa. Si este es tu caso, no realices ejercicios dirigidos a trabajar las piernas y evita, sobre todo, los ejercicios musculares para atletas. Si tienes músculos desarrollados y grasa en las caras interior y posterior, realiza ejercicios adecuados para restablecer el equilibrio, como los que presento en este libro.

Reduce el volumen de los gemelos en un instante

Los gemelos tienden a ganar volumen en la cara exterior y, cuando están muy desarrollados, da la impresión de que son más gruesos. La mejor solución es desplazar el peso que cargan los gemelos hacia el interior. De esta forma, los músculos exteriores de los gemelos descansarán y su volumen disminuirá.

1 Ponte de pie con la espalda recta y las puntas de los pies hacia dentro.

De pie, orienta las puntas de los pies hacia dentro. Lleva el peso a los dedos meñiques.

Coloca las puntas de los pies hacia dentro.

Zoom

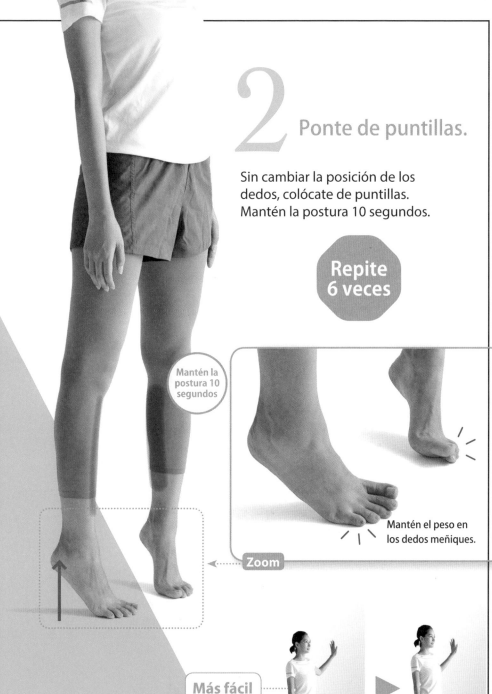

2 Ponte de puntillas.

Sin cambiar la posición de los dedos, colócate de puntillas. Mantén la postura 10 segundos.

Repite 6 veces

Mantén la postura 10 segundos

Mantén el peso en los dedos meñiques.

Zoom

Más fácil

Si te tambaleas, apoya una mano en la pared para ganar estabilidad.

Si trabajo los gemelos, ¿perderán volumen?

Por sorprendente que parezca, fortalecer los hombros ayuda a tonificar los gemelos.

Cuando caminas, si no tienes fuerza en los brazos para llevarlos hacia atrás, los omóplatos suben, las costillas bajan y, poco a poco, la postura cambia: la pelvis se inclina hacia atrás, la espalda se encorva, los hombros se adelantan y el peso se dirige a los talones. Al caminar, una persona que lleva el peso en los talones primero da un paso con el talón y, después, los dedos de los pies pisan el suelo con más fuerza de la necesaria. Los músculos de los gemelos se desarrollan cuando estamos de puntillas, por lo que cada uno de estos pasos fortalece los gemelos. En consecuencia, los gemelos se desarrollarán y serán más voluminosos.

Los siguientes ejercicios sirven para ejercitar los músculos que desplazan los brazos hacia atrás y permiten que los hombros ganen flexibilidad. Cuando esto ocurre y podemos mover los brazos hacia delante y hacia atrás manteniendo el equilibrio, la espalda se endereza. Entonces, el peso no recae sobre los talones, sino que se distribuye por toda la superficie del pie. En consecuencia, la carga que soportan los gemelos también se reduce. Después, estiraremos los muslos para fortalecer el psoas mayor y, con ello, evitaremos caminar haciendo fuerza contra el suelo con los dedos. A continuación, trabajaremos a la pata coja para ejercitar las articulaciones de la cadera y los músculos de los glúteos. Fortalecer estos músculos ayuda a reducir el peso que soportan los gemelos. Para terminar, trabajaremos la espinilla para aprender a usar los músculos que la conforman. Una vez actives correctamente el torso, reducir el volumen de los gemelos será muy fácil.

▼ Cargar demasiado peso en los talones da lugar a unos gemelos voluminosos

Cuando una persona carga mucho peso en los gemelos, desarrolla unas piernas grandes o fuertes. Aprender a usar los hombros, el psoas mayor y la musculatura completa de la pierna entera ayuda a reducir el volumen de los músculos sobrecargados. Además, disminuye la hinchazón provocada por el cansancio muscular. El resultado: unas piernas más ligeras y tonificadas.

Para los gemelos

Caminar sin mover los brazos hacia atrás altera la postura y te obliga a hacer fuerza contra el suelo con las puntas de los pies. El primer ejercicio de esta serie te ayudará a ampliar el rango de movimiento de los hombros hacia atrás. De esta forma, podrás caminar moviendo bien los hombros y reducirás la carga de los gemelos.

4 | 1
Estiliza
3 | 2

1 Siéntate en el centro de una silla y coloca la espalda recta.

Separa las piernas a la anchura de las caderas y siéntate en la mitad exterior de la silla. Alinea los brazos con los hombros y agarra el borde de la silla con las manos.

2 Separa la cadera de la silla.

Sin soltar la silla, separa la cadera de la silla y desplázate hacia abajo.

3

Baja la cadera hasta el suelo.

Sin soltar la silla, lleva la cadera hacia abajo.

Repite 10 veces

Mantén la postura 6 segundos

¡ASÍ NO! Las rodillas no pueden sobresalir más que los pies, puedes lesionarte las rodillas.

SÍ Las rodillas están separadas a la anchura de las caderas.

NO No separes demasiado las rodillas.

Si no tienes una silla…

Siéntate en el suelo.

1 Separa las piernas a la anchura de las caderas y siéntate con las rodillas dobladas. Apoya las manos en el suelo, detrás del cuerpo y con las puntas de los dedos mirando hacia ti.

2 Sin despegar las manos, lleva poco a poco el cuerpo hacia atrás y hacia abajo. Cuando llegues a un punto en que el pecho esté bien estirado, regresa a la posición 1.

¡OK!

Abdomen bajo
Ir al ejercicio ▶ 2

Estiliza

Estimula → Fortalece → Fija

Para los gemelos

E J E R C I C I O ▸ 2

Un psoas mayor débil es una de las causas de unos gemelos voluminosos. Cuando no mueves correctamente las piernas, empujar el suelo con las puntas de los pies se vuelve necesario y, en consecuencia, los gemelos soportan una carga excesiva. Con este ejercicio, al girar el torso, estirarás los muslos y ejercitarás el psoas mayor.

4 1
Estimula
3 2

Postura inicial

Siéntate en una silla con la espalda recta.

1 Baja un lado de la cadera de la silla.

Lleva ambas manos al lado derecho de la silla y baja del asiento la cadera izquierda.

2

Desliza hacia atrás la pierna izquierda.

Lleva atrás la pierna izquierda. Estírala todo lo que puedas y mantén la postura 3 segundos.

Repite 10 veces

Repite con el otro lado

Mantén la postura 3 segundos

Si no tienes una silla…

Postura inicial

Siéntate en el suelo con las rodillas dobladas.

1 Desliza la cadera al lado izquierdo.

2 Coloca las manos en el suelo a la derecha.

3 Desliza hacia atrás la pierna izquierda y mantén la postura 3 segundos.

4 Repite diez veces los pasos 2 y 3, y, luego, haz lo mismo con el otro lado.

¡OK!   ¡OK!   Abdomen bajo
                        Ir al ejercicio ▶ 3

Gemelos   Gemelos   Gemelos   Gemelos

Estiliza   Estimula   Fortalece   Fija

Para los gemelos

Estar a la pata coja y mover la articulación de la cadera ayuda a fortalecer los músculos de las caderas; tanto el del lado de la pierna que sostiene el cuerpo como el de la que se mantiene en el aire. Cuando estamos a la pata coja, el peso del cuerpo recae en la pierna apoyada en el suelo y, sobre todo, en el glúteo. Realizar este ejercicio ayuda a ejercitar todos los músculos de la cadera y contribuye a caminar de forma correcta.

Postura inicial

Colócate de pie junto a una pared. Apoya una mano en la pared y baja la otra mano mientras sostienes una toalla.

1 Levanta la pierna izquierda, flexiona la rodilla y coloca la toalla en la corva.

Sujeta la toalla con la pierna flexionada.

2

Mueve la pierna que sujeta la toalla hacia delante y hacia atrás.

Sin que se caiga la toalla, mueve la pierna hacia delante y hacia atrás 10 veces. Este movimiento debería llevarte unos 3 segundos.

Zoom

Repite con la otra pierna

Más fácil

Puedes cambiar la toalla por una pelota. Cuanto más grande sea el objeto, más fácil te resultará moverlo.

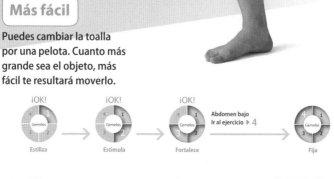

¡OK! ¡OK! ¡OK!

Gemelos Gemelos Gemelos

Estiliza Estimula Fortalece

Abdomen bajo
Ir al ejercicio ▶ 4

Gemelos

Fija

Para los gemelos

E J E R C I C I O ▶ 4

Por último, reduciremos la carga de los gemelos trabajando los músculos de las espinillas. Cuando estos músculos se mueven correctamente, no es necesario ejercer mucha fuerza contra el suelo con las puntas de los pies al caminar y, por tanto, el volumen de los gemelos es menor. Haz que tus músculos memoricen la forma correcta empleando los hombros, el psoas mayor, las caderas y el torso.

Postura inicial

Ponte de pie con la espalda recta. Entrelaza los dedos y gira las manos hacia fuera.

1 Levanta los brazos.

Sin soltar los dedos, sube los brazos y estíralos todo lo que puedas.

2

Da pasos con los talones sin desplazarte.

Levanta las puntas de los pies y da pasos con los talones sin moverte del sitio. Estira bien las piernas y no flexiones las rodillas.

Hazlo durante 1 minuto

¡ASÍ NO!
No inclines el cuerpo hacia delante…
Si lo haces, el peso recaerá en los gemelos.

No dobles las rodillas, puedes lesionarte.

¡ASÍ NO!

¡OK!	¡OK!	¡OK!	¡OK!	Seguimos durante 28 días
Gemelos	Gemelos	Gemelos	Gemelos	
Estiliza	Estimula	Fortalece	Fija	

PREGUNTA

Tengo las piernas hinchadas. ¿Obtendré resultados?

RESPUESTA

En la vida diaria, los gemelos casi nunca se estiran ni se contraen. Incluso cuando caminamos, sus movimientos son muy leves. Estos músculos solo se contraen cuando nos ponemos de puntillas y estiramos con fuerza las puntas de los pies. Como consecuencia, la sangre y la linfa bajan hacia las piernas, lo que genera la hinchazón.

Estos ejercicios están pensados para estirar y contraer los músculos de los gemelos. Se consigue un efecto de bombeo: los líquidos que se acumulan en el tren inferior suben al corazón. Cuando el flujo de la sangre se restablece, también lo hace el flujo de linfa, por lo que la hinchazón se reduce. Asimismo, la hinchazón también disminuirá al distribuir la carga de los músculos. Cuando estés de pie, sé consciente de repartir el peso corporal entre los tres puntos: el pulgar, el meñique y el talón. Si lo haces, podrás despedirte de la hinchazón.

PREGUNTA

¿Los zapatos de tacón ayuadan a perder volumen en los gemelos?

RESPUESTA

No. Más bien, al contrario: los zapatos de tacón fortalecen los gemelos. ¿Por qué? Porque cuando te pones tacones, el peso recae sobre las puntas de los pies, y esto provoca que los músculos de los gemelos se contraigan y que el flujo de sangre se estanque. Esto causa hinchazón en las piernas, y no solo hace trabajar a los músculos, sino que también les añade presión extra al estar contraídos. Cuando esto ocurre, lo normal es que el volumen de los gemelos aumente.

Además, hay otra desventaja: con zapatos de tacón, los tobillos se encuentran en un ángulo de más de 90 grados. Es posible que, después de quitártelos, la postura se mantenga, que los dedos de los pies se separen un poco del suelo o que los hombros se encorven hacia delante, por lo que la pelvis se colocará en retroversión. En consecuencia, el peso corporal recaerá sobre los talones y, al caminar, las puntas de los pies pisarán el suelo con una fuerza innecesaria y los gemelos trabajarán todavía más.

Por cierto, en mi gimnasio las monitoras no tienen permitido venir con zapatos de tacón, porque sabemos que tienen un efecto negativo tanto en el esqueleto como en la salud.

Es posible mejorar incluso las partes más rebeldes

Capítulo 4

Ejercicios Full Body para adelgazar los brazos, la cadera y la espalda

¿Qué malos hábitos hacen que las piernas engorden?

Muchas veces me preguntan si es mejor no cruzar las piernas, porque esa postura afecta a la estructura ósea y hace que las piernas engorden. Yo creo que no es así. Cruzar las piernas ayuda a reducir el volumen de las piernas en general.

¿Por qué? Porque, al hacerlo, los músculos se tuercen.

En comparación con un movimiento recto como caminar, al cruzar las piernas y someter las articulaciones de la cadera a una torsión, los músculos se estiran y se contraen mucho más. Al estirar y contraerlos correctamente, la flexibilidad aumenta. En consecuencia, las piernas adelgazan.

Sin embargo, hay que recordar cruzar las dos piernas y evitar la costumbre de cruzar solo una de ellas. Basta con colocar una pierna encima del muslo de la otra. ¡Ojo! No cruces la pierna hasta el tobillo: esto puede provocar un desequilibrio en el rango de movimientos de la articulación de la cadera.

Reduce el volumen de los brazos en un instante

Estirar los músculos mientras se hace fuerza es la clave para que los brazos recuerden el estado de los músculos al estirarse. Coge una toalla y agárrala con fuerza. Después, tira de ella todo lo que puedas. Con este ejercicio, los músculos se estirarán mucho más que con un simple estiramiento y recordarán este estado.

Posición inicial

Ponte de pie con la espalda recta. Agarra el extremo de una toalla con una mano.

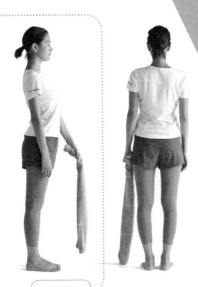

De lado

1 Levanta la mano con la toalla.

Alza la mano que sostiene la toalla hasta colocarla en la parte posterior de la cabeza. Sube el codo. Debes notar cierta tensión en la parte superior del brazo.

De lado

De lado

2

Agarra el extremo suelto de la toalla con la otra mano.

Con la otra mano, agarra el extremo suelto de la toalla y eleva el brazo que está arriba.

3

Tira de la toalla hacia abajo y mantén la postura 10 segundos.

Con la mano que está abajo, tira de la toalla hacia el suelo y mantén la postura 10 segundos. Debes notar cierta tensión en la parte superior del brazo.

De lado

Mantén la postura 10 segundos

Repite 3 veces

Repite con el otro brazo

La posición de los codos define el tamaño de los brazos

La clave para reducir el volumen de los brazos se encuentra en la posición de los codos. Cuando la postura es correcta, tanto los hombros como los codos y las muñecas se alinean verticalmente respecto al suelo. Sin embargo, tendemos a doblar los codos cuando escribimos o utilizamos el móvil y, habitualmente, no los estiramos, por lo que la parte superior de los brazos permanece encogida, incluso cuando estamos de pie. Como resultado, el peso de los brazos cae hacia delante y provoca malas posturas (espalda encorvada, omóplatos elevados y orientados hacia fuera, etc.). Cuando tenemos una mala postura, los músculos que mueven los brazos hacia atrás o los que están alrededor de los hombros se endurecen, y esto provoca una acumulación de grasa en la parte superior de los brazos. Con estos ejercicios diseñados para trabajar los brazos, empezaremos relajando los hombros y corrigiendo los hábitos posturales (hombros encorvados u omóplatos que rotan hacia el exterior). Después, realizaremos ejercicios para bajar los omóplatos y desplazarlos hacia al centro. De este modo, la parte inferior de los omóplatos que está rígida empezará a moverse.

Una vez que los músculos alrededor de los hombros ganen una mayor flexibilidad, corregiremos el hábito de los brazos con la ayuda de movimientos hacia atrás. Por último, presentaré unos ejercicios para bajar los omóplatos destinados a que los brazos permanezcan en una posición correcta. Realizar esta serie de ejercicios cada día corrige la postura corporal y tonifica los brazos. Por otra parte, si tienes los hombros anchos es probable que tengas esos músculos contraídos: estos ejercicios también te resultarán útiles si quieres reducir la anchura de los hombros. Ponlos en práctica y lucirás unos brazos esbeltos.

▼ Si doblas los codos, los brazos se mueven menos

Cuando pido a mis clientas que pongan el cuerpo recto, descubro que muchas de ellas tienen los codos doblados. Por lo general, realizamos muchos movimientos que requieren que los brazos estén doblados, como abrir la puerta, conducir, etc. Con los ejercicios de esta sección corregirás este hábito.

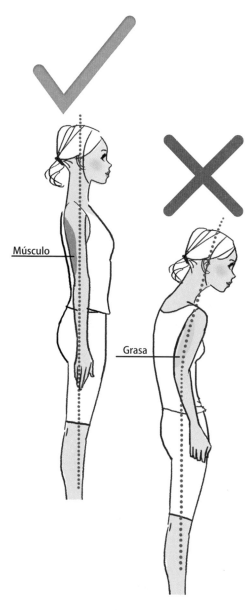

Músculo

Grasa

Para los brazos

E J E R C I C I O ▶ 1

Por lo general, movemos más los brazos hacia delante que hacia atrás. Esto puede provocar que los hombros se curven hacia delante y los omóplatos roten hacia fuera. Con este ejercicio corregirás la posición de los hombros, estirarás los músculos alrededor de los hombros y recolocarás los omóplatos.

1 Ponte a cuatro patas.

Ponte a cuatro patas y separa las piernas a la anchura de las caderas y los brazos a la de los hombros. No desplaces las manos hacia delante ni hacia atrás.

Flexiona los tobillos. ─────

2 Baja la cabeza y mírate el ombligo.

Tómate 3 segundos para bajar la cabeza y mirar hacia el ombligo. Puedes curvar la espalda si quieres.

3

Levanta la cabeza y mira hacia delante y ligeramente hacia arriba.

Tómate 3 segundos para subir la cabeza y mirar hacia delante y ligeramente hacia arriba. Puedes curvar la espalda hacia dentro.

Repite
10 veces
los pasos
2 y 3

¡OK!
Abdomen bajo
Ir al ejercicio ▶ 2

Brazos

Estiliza

Brazos

Estimula

Brazos

Fortalece

Brazos

Fija

Para los brazos

E J E R C I C I O ▶ 2

Cuando los omóplatos están más elevados de lo normal, los movimientos de los hombros se limitan y esto provoca una acumulación de grasa en la parte superior de los brazos. Este ejercicio te ayudará a desplazar los omóplatos y a quemar grasa.

Estimula
4 1
3 2

Flexiona los tobillos.

1 Ponte a cuatro patas.

Separa los brazos a la anchura de los hombros y las piernas a la anchura de la cadera. Deja que el peso de tu cuerpo caiga sobre los brazos.

2 Lleva la cadera hacia atrás y acerca el tren superior al suelo.

Gira las palmas hacia dentro y tómate 3 segundos para desplazar la cadera hacia atrás. Baja el cuerpo hasta el suelo y permanece así 3 segundos.

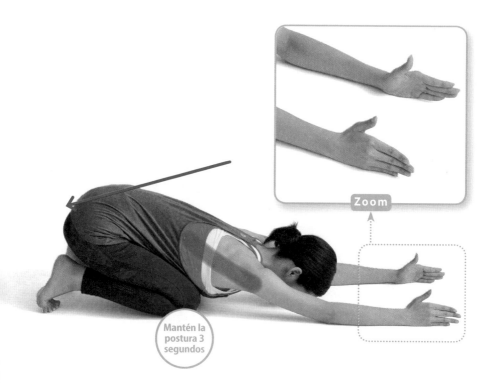

Zoom

Mantén la postura 3 segundos

Repite 10 veces

¡OK!
Brazos
Estiliza

¡OK!
Brazos
Estimula

Abdomen bajo
Ir al ejercicio ▶ 3

Brazos
Fortalece

Brazos
Fija

Para los brazos

E J E R C I C I O ▶ 3

Dado que en la vida diaria no suele ser necesario mover los codos hacia atrás, mucha gente tiene los codos doblados y los hombros encorvados continuamente. Con este ejercicio, estirarás los brazos hacia atrás para fortalecer los músculos de la espalda y corregir los malos hábitos de los brazos.

Postura inicial

Siéntate en una silla con las piernas separadas a la anchura de las caderas.

1 Inclina el cuerpo hacia delante.

Puedes tener la espalda recta o curvada.

2 Flexiona los codos y tócate los hombros con los pulgares.

Flexiona los codos y pega los brazos al cuerpo. Cierra las manos ligeramente y tócate los hombros con los pulgares. No te preocupes si los pulgares no tocan los hombros, siempre y cuando la postura sea correcta.

3 Estira los codos hacia atrás y mueve los brazos como si trazaras un semicírculo.

Cuando los codos estén completamente estirados, permanece en esa postura 6 segundos.

Mantén la postura 6 segundos

¡ASÍ NO!

Los brazos no están completamente estirados.
Lleva los brazos bien hacia atrás.

Repite 10 veces

¡OK! — Brazos — Estiliza → ¡OK! — Brazos — Estimula → ¡OK! — Brazos — Fortalece → Abdomen bajo Ir al ejercicio ▶ 4 → Brazos — Fija

Para los brazos

E J E R C I C I O ▸ 4

Para terminar, vamos a fijar los músculos y las articulaciones adecuadamente para ayudar a reducir el volumen de los brazos. Este ejercicio sirve para mantener la alineación entre los codos y los hombros. También activa los músculos de la espalda que no suelen trabajar para acelerar el metabolismo.

4	1
3	2

Fija

Postura inicial

Separa las piernas a la anchura de las caderas. Dobla las rodillas y siéntate en el suelo.

1

Eleva ligeramente la cadera del suelo.

Separa los brazos a la anchura de los hombros y colócalos detrás del cuerpo, en el suelo. Estira los brazos, con las puntas de los dedos orientadas hacia el cuerpo.

ASÍ

¡ASÍ NO!

✕

2 Levanta una mano.

Sube una mano y permanece en esa postura 3 segundos. No debes flexionar el codo del brazo que continúa apoyado.

Mantén la postura 3 segundos

3 Repite el ejercicio con el otro brazo.

Más difícil

Repite los pasos 2 y 3 10 veces

Mueve el brazo y la pierna contrarios un par de pasos hacia delante y hacia atrás para obtener un mejor resultado.

¡OK!

4 1
Brazos
3 2
Estiliza

¡OK!

4 1
Brazos
3 2
Estimula

¡OK!

4 1
Brazos
3 2
Fortalece

¡OK!

4 1
Brazos
3 2
Fija

Seguimos durante 28 días

PREGUNTA

¿Por qué los brazos se vuelven flácidos con la edad?

RESPUESTA

Los músculos situados debajo de los omóplatos están conectados a los brazos a través de los músculos de los hombros. Cuando los omóplatos bajan, estos músculos tiran de los músculos de los brazos, acción que contribuye a quemar la grasa que contienen. Como las partes que estaban encogidas y que se habían ensanchado se estiran, los brazos recuperan la forma y se estilizan. Con la edad, los músculos que ayudan a mantener una postura correcta se debilitan, lo que provoca que los hombros se comben hacia delante y los omóplatos se eleven. Como resultado, la grasa en la parte superior de los brazos desciende y los brazos se quedan flácidos.

La clave de unos brazos esbeltos es que los omóplatos se desplacen hacia abajo. Para ello, debemos tener los hombros, los codos y las muñecas alineados y, al mismo tiempo, activar el torso, para que los brazos se muevan. Desplazar los brazos bruscamente al caminar o hacer *push-ups* para adelgazar no sirve. La mejor manera de conseguir unos brazos esbeltos es entender correctamente la relación entre los músculos y los huesos.

Pregunta

¿Llevar un bolso pesado ayuda a tener unos brazos fuertes?

Respuesta

No. Llevar un bolso pesado no equivale a hacer ejercicio. Los ejercicios musculares fortalecen los músculos mediante una carga alta sostenida durante un tiempo que va desde los 40 a los 60 segundos. Es la misma razón por la que caminar un par de horas no contribuye a tener unas piernas musculosas. Si puedes aguantar el peso del bolso durante varias horas, eso significa que la carga es muy baja, y, por tanto, no tendrá efecto en los músculos. No es lo mismo que hacer ejercicios musculares.

Sin embargo, es cierto que el omóplato del costado en que llevas el bolso desciende por el peso. En este sentido, la parte inferior del omóplato trabaja y da lugar a un brazo más fino. Si te preocupa la diferencia de tamaño entre un brazo y otro, puedes ir alternando.

En cualquier caso, te recomiendo llevar el bolso colgado del hombro y no en la mano. Imagina que es una herramienta para bajar los omóplatos y aprovecha la hora en que cargas con él para hacer ejercicios para trabajar zonas concretas.

Reduce el volumen de los glúteos en un instante

Estos ejercicios te ayudarán a estirar y ampliar el rango de movimiento del glúteo mayor y del glúteo medio. De esta manera, los músculos contraídos y rígidos se destensarán y, al mismo tiempo, los glúteos se elevarán. En consecuencia, adquirirán una forma más tonificada y bonita.

Postura inicial

Colócate de pie delante de una silla. Enderézate, agárrate los dos codos y sube los brazos a la altura de los hombros.

1

Colócate a la pata coja y lleva la pierna levantada sobre la silla.

Dobla la pierna que has elevado y colócala sobre la silla.

2 Encoge el cuerpo y agáchate.

Encoge el cuerpo y trata de acercar los codos a las rodillas. Una vez en esta posición, mantén la postura 3 segundos

Repite 10 veces

Repite con el otro lado

Mantén la postura 3 segundos

Si no tienes una silla…

Adelanta una pierna y agáchate mientras encoges el cuerpo. Lleva el peso a la pierna de delante y mantén la posición 3 segundos.

Unos glúteos fuertes son más grandes y cuadrados

A quienes les preocupa el volumen de los glúteos les suele faltar flexibilidad en la zona. Las personas con la pelvis inclinada hacia delante (anteversión pélvica) tienen, además de una cadera inclinada, los glúteos rígidos y deformados por haberse desarrollado con movimientos limitados. En cambio, las personas con la pelvis inclinada hacia atrás (retroversión pélvica) no pueden mover los músculos de los glúteos, más bajos de lo normal. Estos ejercicios te ayudarán a incrementar su flexibilidad y a «redondearlos».

Para empezar, con estos ejercicios relajarás los músculos y ganarás flexibilidad para que la articulación de las caderas pueda moverse correctamente hacia atrás. Después, activarás los músculos de la parte exterior de la cadera, que no suelen utilizarse.

Uno de los ejercicios que presento a continuación te desafía a realizar movimientos que las personas para quienes los glúteos son una de sus mayores preocupaciones no suelen hacer. Llevar la cadera atrás hasta que las rodillas formen un ángulo recto estimula los músculos de los glúteos al completo y los moldea. Además de tonificarlos y levantarlos, estos ejercicios ayudan a quemar grasa.

Para terminar, ganarás flexibilidad desde la cara posterior de los muslos hasta las caderas superiores, lo que activará los glúteos en tu día a día. La postura de la rana ayuda a mover los músculos de la cadera y los estimula para que trabajen adecuadamente. Es un ejercicio que hace trabajar los músculos que no suelen usarse, por lo que, después de mover todo el cuerpo, te sentirás bien.

▼ Es importante que los glúteos trabajen correctamente

Si te cuesta llevar la cadera atrás o subir las piernas es porque te falta flexibilidad. En este caso, la solución más fácil para perder volumen en la zona de la cadera es estimular los músculos que no suelen trabajar realizando movimientos que te cuesten. En la página 121 encontrarás un ejercicio para medir tu flexibilidad.

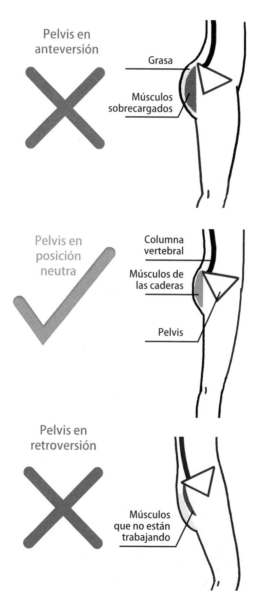

Pelvis en anteversión

Grasa

Músculos sobrecargados

Pelvis en posición neutra

Columna vertebral

Músculos de las caderas

Pelvis

Pelvis en retroversión

Músculos que no están trabajando

Para los glúteos

E J E R C I C I O ▶ 1

Cuando los glúteos no son lo bastante flexibles, los músculos pueden deformarse o acumular grasa innecesaria. A las personas preocupadas por esta zona les suele costar mover las piernas hacia atrás, ya que la articulación de las caderas está rígida. Al estirar y contraer la zona, los músculos que están alrededor de los glúteos se relajan.

4 | 1
Estiliza
3 | 2

Postura inicial

Túmbate bocabajo y coloca la barbilla sobre las manos.

Desde arriba

Separa las piernas a la anchura de las caderas.

1

Flexiona los dos tobillos y una rodilla en ángulo recto.

Mira hacia abajo para mantener la rodilla en esa posición.

Flexiona el tobillo.

2

Eleva la pierna flexionada ligeramente.

No hace falta subirla mucho. Si te resulta difícil, súbela y bájala ligeramente durante 3 segundos. Repite el proceso con la otra pierna.

Repite 10 veces

Desde arriba

Mantén la distancia entre las piernas.

¡OK!

Abdomen bajo
Ir al ejercicio ▶ 2

Glúteos

Estiliza

Glúteos

Estimula

Glúteos

Fortalece

Glúteos

Fija

Para los glúteos

E J E R C I C I O ▶ 2

Este ejercicio activa los músculos de la zona exterior de las caderas que no suelen usarse. La clave para estimularlos está en cruzar los tobillos. Además, si haces fuerza con los meñiques, obtendrás mejores resultados.

Estimula

4 1

3 2

Postura inicial

Túmbate bocarriba y coloca las manos debajo de la cabeza.

1 Flexiona las rodillas y cruza los tobillos.

No importa qué pie adelantes.

Zoom

Deja una distancia de un puño entre las rodillas.

2

Sube la cadera.

Levanta la cadera y mantén todo el cuerpo recto durante 6 segundos. Deja que el peso corporal caiga sobre los meñiques de los pies.

Repite 10 veces

Mantén la postura 6 segundos

Zoom

Lleva todo el peso a los meñiques.

¡OK!	¡OK!	Abdomen bajo Ir al ejercicio ▶ 3		
Glúteos	Glúteos		Glúteos	Glúteos
Estiliza	Estimula		Fortalece	Fija

Para los glúteos

E J E R C I C I O ▶ 3

Por lo general, a las personas que tienen problemas con los glúteos les cuesta moverlos hacia atrás. Y esto es justo lo que vamos a intentar hacer con este ejercicio. Subir los brazos facilita el movimiento. Con este ejercicio, elevarás los glúteos y quemarás grasa.

Postura inicial

Colócate de pie con la espalda recta. Separa los pies a la anchura de los hombros.

No bajes los codos.

1

Agárrate los hombros.

Sube los codos. Cuanto más elevados estén, más fácil te resultará mover los glúteos.

2

Lleva los glúteos hacia atrás hasta flexionar las rodillas en ángulo recto.

Tómate 3 segundos para llevar los glúteos hacia atrás y permanece en esa posición 3 segundos. No desplaces las rodillas hacia dentro.

Mantén la posición 3 segundos

90 grados aproximadamente

Repite 10 veces

No encojas el cuerpo. Mantén la espalda recta.

¡ASÍ NO!

¡OK! Glúteos Estiliza

¡OK! Glúteos Estimula

¡OK! Glúteos Fortalece

Abdomen bajo
Ir al ejercicio ▶ 4

Glúteos Fija

Para los glúteos

E J E R C I C I O ▶ 4

Con este ejercicio conseguirás que los músculos de los glúteos, los de la cara posterior de los muslos y los de la zona superior de la cadera trabajen en equilibrio. Así, perderás volumen y quemarás grasa. Se trata de un ejercicio muy eficaz para reducir la talla.

Fija
4 1
3 2

Postura inicial

Ponte de pie
con la espalda recta.

1

Separa bien las piernas.

Orienta las rodillas y las puntas de los pies hacia fuera.

2

Tómate 3 segundos para agacharte.

Separa las rodillas con la ayuda de los codos. Separa los brazos a la anchura de los hombros y apoya las manos en el suelo, en ángulo recto.

ASÍ Separa las rodillas con la ayuda de los codos.

De lado ····· ASÍ Mantén los brazos pegados al cuerpo.

No separes los brazos del cuerpo.

✕

¡ASÍ NO!

Repite 10 veces los pasos 2 y 3

3

Tómate 3 segundos para ponerte de pie.

¡OK! ¡OK! ¡OK! ¡OK!

Glúteos Glúteos Glúteos Glúteos

Estiliza Estimula Fortalece Fija

Seguimos durante 28 días

Pregunta

¿Puedo conseguir una pelvis más estrecha?

Respuesta

Mucha gente no está contenta con la anchura de su pelvis, porque les parece demasiado grande. El tamaño de la pelvis afecta directamente a la talla de los pantalones y a la longitud de las piernas, por lo que es normal que, tengas la edad que tengas, te preocupes por esta parte. Pero lo cierto es que la razón de que las caderas parezcan anchas es que los músculos ganan volumen en la cara exterior. No es el tamaño de los glúteos lo que provoca una cadera ancha, sino el volumen de los muslos, que sobresalen hacia fuera. Si quieres reducir la talla de la cadera, realiza tanto los ejercicios para la cadera como los de los muslos que propongo en este libro.

Los glúteos caídos también afectan a la anchura de la cadera. Cuando la parte más redondeada de los glúteos es la superior, las piernas parecen más largas y la pelvis, más pequeña. Por eso, los ejercicios de los glúteos estimulan los músculos superiores.

PREGUNTA

¿Cómo puedo comprobar la flexibilidad de los músculos?

RESPUESTA

Siéntate en una silla y coloca un tobillo encima del muslo contrario. La rodilla de la pierna flexionada debe mirar hacia fuera. Estira la espalda e inclina el cuerpo hacia delante. Si eres capaz de tocar la pierna con el torso, tus glúteos son lo bastante flexibles.

Sin embargo, las personas preocupadas por sus glúteos no podrán hacerlo. Los glúteos poco flexibles resultan en muslos y gemelos voluminosos. Con los ejercicios que propongo para trabajar los glúteos los estimularás por completo y ganarás flexibilidad. Tener unos glúteos flexibles también ayuda a reducir el volumen general del tren inferior.

Reduce el volumen de la espalda en un instante

Estirar los músculos de la cara posterior de los muslos es importante si quieres tonificar la espalda y reducir su volumen. Por el contrario, si estos músculos están contraídos, tonificar la espalda resulta imposible. Al estimular la espalda y los muslos al mismo tiempo conseguirás una espalda tonificada.

Postura inicial

Colócate delante de una pared.

1 Apoya las manos en la pared.

Estira los brazos y coloca las manos en la pared.
Separa las piernas a la anchura de las caderas.

Desde arriba

Mantén la
postura 6
segundos

2 Inclina el torso hacia delante y curva la espalda.

Sin separar las manos de la
pared, baja el torso hasta que
la espalda empiece a curvarse.
Mira hacia abajo. Permanece en
esa postura 6 segundos.

No arquees la espalda…
Si la espalda no está recta,
no estimularás los
músculos lo suficiente.

**Repite
10 veces**

¡ASÍ
NO!

Mover los omóplatos contribuye a quemar grasa acumulada en la espalda

Para tonificar la espalda es necesario moverla adecuadamente, pero a la mayoría de nosotros nos cuesta realizar movimientos amplios con ella. Cuando los músculos o articulaciones de las caderas o los hombros pierden flexibilidad, la espalda empieza a acumular grasa. La creencia generalizada de que acumulamos grasa en la espalda a partir de la mediana edad es errónea. No nos vemos nuestra propia espalda, pero el resto de personas sí, y solo se necesita un poco de esfuerzo para conseguir una buena postura y, al mismo tiempo, reducir el volumen de la tripa.

Lo primero que debes hacer es relajar los músculos del cuello. Cuando el cuello está rígido, los omóplatos se elevan e impiden que la espalda se mueva. Para mover bien la espalda es imprescindible que los músculos del cuello sean flexibles. Es necesario desplazar los omóplatos hacia abajo para que puedan moverse correctamente. Como resultado, los músculos de la espalda empezarán a trabajar y se fortalecerán. Pero hay una ventaja más: con estos ejercicios, también estirarás los músculos de la zona de las clavículas.

Una vez los omóplatos desciendan, los llevaremos al centro. La clave está en la postura: si te pones a cuatro patas y llevas los brazos ligeramente hacia atrás, mantendrás la altura de los omóplatos que habrás conseguido gracias al ejercicio 2 y moverás correctamente la parte inferior hacia al centro. Por último, con movimientos alternativos de los brazos estimularás la espalda e incrementarás su rango de movimiento. Por otra parte, estos ejercicios aceleran el metabolismo.

Una espalda tonificada proporciona sensación de juventud; ¡algunas personas con una espalda esbelta aparentan diez años menos!

▼ Para tonificar la espalda, muévela

Relajar el cuello y la parte inferior e interior de los omóplatos te ayudará a mover la espalda. Aunque al principio te cueste un poco, los ejercicios de este libro contribuyen a obtener un resultado óptimo.

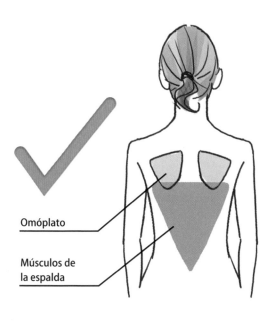

Omóplato

Músculos de la espalda

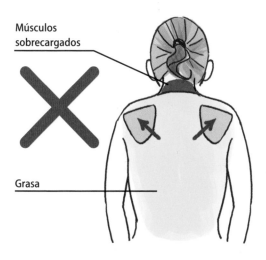

Músculos sobrecargados

Grasa

Para la espalda

Cuando tenemos el cuello sobrecargado, con los músculos contraídos y rígidos, los omóplatos ascienden y los hombros se curvan hacia delante, lo que resulta en una espalda cada vez más ancha. Este ejercicio ayuda a estirar y relajar el cuello y desplazar los omóplatos hacia abajo. También es útil para aliviar el dolor de cabeza causado por los hombros rígidos o la tortícolis.

4 1
Estiliza
3 2

Postura inicial

Colócate de pie con la espalda recta.

1

Agárrate los codos por detrás de la espalda.

Debes notar que los omóplatos se acercan. Abre los hombros.

2

Inclina la cabeza a un lado.

Mantén la postura 6 segundos

No lleves la cabeza hacia delante… Si no inclinas la cabeza hacia los lados, no la estirarás lo bastante.

¡ASÍ NO!

3

Repite hacia el otro lado.

Repite 5 veces los pasos 2 y 3

Más fácil

Agárrate solo un codo e inclina la cabeza hacia el brazo flexionado.

¡OK!

Espalda

Estiliza

Abdomen bajo
Ir al ejercicio ▶ 2

Espalda

Estimula

Espalda

Fortalece

Espalda

Fija

Para la espalda

E J E R C I C I O ▶ 2

Casi nunca movemos los omóplatos hacia abajo en nuestra vida diaria. Con este ejercicio, usaremos los músculos de los hombros y de la espalda para hacerlos descender. Al mismo tiempo, los músculos alrededor de las clavículas se estirarán, por lo que el flujo de linfa empezará a circular adecuadamente y la hinchazón disminuirá.

4 | 1
Estimula
3 | 2

Postura inicial

Ponte de pie
con la espalda recta.

1

Entrelaza los dedos detrás de la espald

Junta las palmas y entrelaza los dedos, como más fácil te resulte.

De lado

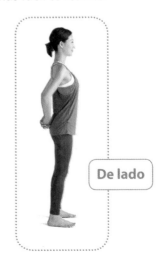

De lado

2

Empuja con los brazos hacia abajo y mantén la postura 6 segundos.

Haz fuerza con los brazos hacia abajo. Cuando estén completamente estirados, permanece en esa postura 6 segundos.

De lado

Mantén la posición 6 segundos

Repite 10 veces

¡OK!
Espalda **1**
Estiliza

¡OK!
Espalda **2**
Estimula

Abdomen bajo
Ir al ejercicio ▶ 3

Espalda **3**
Fortalece

Espalda **4**
Fija

Para la espalda

E J E R C I C I O ▶ 3

Con este ejercicio, tonificarás la espalda. Al juntar los omóplatos, fortalecerás la parte inferior de los omóplatos. La clave para realizarlo correctamente es llevar los brazos hacia el ombligo, sin que queden demasiado atrás. Cuando hagas este ejercicio, debes ser consciente de que los omóplatos se mueven bien y no debes hacer movimientos amplios con los brazos.

1 Sujeta la botella con una mano.

Apoya una mano en el suelo, con los dedos orientados hacia delante.

Postura inicial

Colócate a cuatro patas. Deja una botella de agua de 500 ml cerca.

Clave Sujeta la botella con todos los dedos, excepto con el pulgar.

2 Lleva la mano hacia el ombligo.

Cuando llegues al ombligo, permanece en esa postura 3 segundos.

Zoom

Mantén la postura 3 segundos

Repite 10 veces

Repite con el otro brazo

No lleves los brazos demasiado atrás...
Si elevas los brazos demasiado, el cuerpo se tuerce y la parte inferior de la zona de los omóplatos no trabaja correctamente.

¡ASÍ NO!

¡OK! · Espalda · Estiliza
¡OK! · Espalda · Estimula
¡OK! · Espalda · Fortalece
Abdomen bajo · Ir al ejercicio ▶ 4
Espalda · Fija

Para la espalda

E J E R C I C I O ▶ 4

Con este ejercicio, moverás la espalda lo máximo posible. Estimularás tanto los omóplatos como los músculos de la espalda para que trabajen juntos y memoricen la postura. La clave es mover un brazo primero y, luego, el otro.

Postura inicial

Colócate de pie con la espalda recta. Separa las piernas a la anchura de las caderas.

1 Flexiona las rodillas e inclina el torso hacia delante. Agárrate las rodillas.

Ponte de pie y flexiona las rodillas. Estira los brazos e inclina el cuerpo para apoyar las manos en las rodillas.

2

Coloca la mano izquierda en el hombro derecho.

No levantes el codo y mantén la espalda recta.

Zoom

Zoom

Mantén la posición 3 segundos

3

Sube el brazo derecho en diagonal.

Repite 10 veces
....
Repite con el otro brazo

Sube con fuerza el brazo en diagonal, como si dibujaras un semicírculo con él. Mantén el pulgar hacia arriba en todo momento.

¡OK!   ¡OK!   ¡OK!   ¡OK!

1   2   3   4
Espalda   Espalda   Espalda   Espalda   Seguimos durante 28 días

Estiliza   Estimula   Fortalece   Fija

PREGUNTA

¿Por qué me sobresale la carne por encima de la ropa interior?

RESPUESTA

Cuando los músculos que ayudan a mantener una buena postura se debilitan, la carne sobresale a menudo del sujetador o de las braguitas. Además, la pelvis se inclina hacia atrás y los omóplatos suben. En consecuencia, tanto la pelvis como la articulación de las caderas y los omóplatos pierden flexibilidad, y esto da lugar a una acumulación de grasa.

Puedes determinar si empiezas a acumular grasa en la espalda si te pones de pie y te miras en un espejo de lado. Si la espalda está curvada hacia delante, cuidado. El rango de movimiento de la espalda se reduce con cada año que pasa, por lo que, una vez empieza a acumular grasa, este proceso no se detiene. Hoy en día, incluso las personas jóvenes se preocupan por el estado de su espalda, y cada vez más gente me pregunta cómo puede reducir el volumen de esta zona. Si eres una de esas personas, ponte manos a la obra cuanto antes.

Pregunta

¿Me conviene hacer ejercicios para la espalda?

Respuesta

«Tengo la espalda muy ancha o voluminosa, así que haré ejercicios para adelgazar la zona». Aunque hay gente que piensa así, esto es una mala idea. En primer lugar, las personas preocupadas por el estado de su espalda no suelen usar los músculos de la zona. En cambio, emplean más los de la cadera. Si una persona así realiza ejercicios para la espalda, los únicos músculos que realmente trabajarán serán los de la cadera, ya que los de la espalda todavía no estarán acostumbrándose a moverse bien. En resumen, cuando esto ocurre, los músculos de la cadera se fortalecen mientras que los de la espalda permanecen inactivos; en consecuencia, se vuelven flácidos y la grasa acumulada en ellos no se quema. Además, cuando los músculos están débiles, la pelvis se inclina y los omóplatos se desplazan hacia arriba. Al final, tendrás varios problemas en diferentes partes del cuerpo y no sabrás por dónde empezar a arreglarlos.

Recuerda que la espalda es un pilar muy importante para tratar las zonas problemáticas del cuerpo.

Si quieres realizar los ejercicios del método Sakuma Full Body sin haber practicado antes el método Sakuma (destinado a activar y trabajar el torso), deberías empezar con los ejercicios de espalda para obtener un mejor resultado.

Capítulo 5

Ejercicios para estilizar el torso: el método Sakuma

Hábitos que resultan en unos glúteos voluminosos

Andar por casa con zapatillas de estar por casa y utilizar sandalias hace que los músculos de los glúteos ganen volumen.

Ambos tipos de calzado son cómodos, pero no sujetan los tobillos. Al caminar, para evitar que se salgan, el peso corporal recae en los talones y es fácil acabar arrastrando los pies. En este caso, el peso se reparte de forma desproporcionada en los pies y, si el hábito continúa, será la parte inferior de los glúteos la que termine aguantando esta carga. Como resultado, los músculos se desarrollarán en exceso. Esta suele ser la razón de que no exista mucha diferencia de volumen entre los glúteos y los muslos y que den la impresión de conformar una única «pieza».

Los zapatos de tacón, sobre los que he hablado en la página 91, también resultan en unos glúteos voluminosos. Cuando llevamos zapatos de tacón, el peso recae sobre las puntas de los pies. Sin embargo, cuando nos los quitamos, el cuerpo reacciona a tal carga con el efecto contrario e intenta llevar todo el peso a los talones. Entonces, ocurre lo mismo que con las zapatillas de andar por casa. Recomiendo a quienes les preocupa tener un tren inferior voluminoso que lleven zapatos que sujeten bien los talones y que no utilicen tacones; mejor usar deportivas.

Ejercicios para estilizar el torso: el método Sakuma, el programa más completo para reducir volumen

Si quieres adelgazar una parte concreta del cuerpo probablemente has estado usando los músculos de forma desequilibrada. Para conseguir tu propósito deberás activar los músculos del torso con movimientos amplios y corregir los malos hábitos desde el eje corporal.

Cuando actives los músculos del torso, no te costará mucho adquirir hábitos saludables que te ayudarán a adelgazar las zonas rebeldes que más te preocupen. En cuanto alcances este objetivo, corregirás el uso de varias partes del cuerpo con facilidad. Por ejemplo: cuando quieres limpiar una habitación en la que hay muchas cosas desperdigadas por el suelo, es más rápido recoger las cosas primero que pasar la aspiradora directamente. Por esta razón, me gustaría repasar la base del método Sakuma. En primer lugar, explicaré las claves de los ejercicios a partir de las preguntas de los lectores del primer libro.

Tanto los movimientos de los ejercicios como el orden en que los propongo son importantes. Cuando mueves una parte del cuerpo en una dirección concreta, un músculo determinado empieza a trabajar, de modo que realizar los ejercicios conociendo la lógica que hay detrás te ayudará a obtener un resultado óptimo.

Si no entendiste alguna parte del primer libro, *El método Sakuma,* por favor, léelo de nuevo. Y si todavía no has probado el programa que propongo en él, te animo a hacerlo ahora.

Cada ejercicio del método Sakuma incluye movimientos o posturas para adelgazar.
Es muy importante seguir las instrucciones, así que, en este capítulo,
los explicaré en detalle, para que tanto los principiantes como los que no han
terminado el programa de *El método Sakuma* puedan llevar a cabo los ejercicios.

EJERCICIO

1

Reduce el volumen del tren inferior

Cambia la posición de los pies cada 10 segundos.

Efecto y clave de los movimientos

Estimula la pelvis, la parte superior de la cadera y la cara interna de los muslos para partir de una base. Juntar y cruzar las piernas es más importante que mantenerlas muy alto. Si te resulta más fácil juntar y cruzar las piernas, es posible que tengas la pelvis inclinada hacia atrás (en retroversión); por el contrario, si te cuesta menos mantener las piernas en alto, puede que tengas la pelvis inclinada hacia delante (en anteversión). Con este ejercicio practicarás ambos movimientos, por lo que la posición de la pelvis se corregirá, tengas el problema que tengas. Respira con naturalidad.

¡ASÍ NO!

No saques barbilla…
Llevar la barbilla hacia delante puede cargar demasiado el cuello e impedirte respirar bien.

¡ASÍ NO!

No subas la barbilla…
Subir la barbilla genera tensión en los músculos del cuello. Mira hacia abajo.

No dobles las rodillas…
Estimularás más la cara posterior de los muslos con las piernas rectas.

Basta con que subas un poco las puntas de los pies.

ASÍ

Ambas posturas son correctas. Puedes cruzar los tobillos como más fácil te resulte.

No presiones demasiado la cabeza con las manos…
Si lo haces, cargarás en exceso el cuello y te costará respirar.

Lleva las manos junto a las orejas.
Con esto, reducirás la carga del cuello y la cabeza.

Zona

EJERCICIO

2

Tonifica las caderas

Mantén las piernas en alto 6 segundos y repite 10 veces.

Efecto y clave de los movimientos

Si levantas las piernas con las rodillas separadas a la anchura de los hombros, estimularás tanto los músculos de la parte superior de las caderas como los de los lados, que no se utilizan a menudo. Al mismo tiempo, equilibrarás la pelvis. De esta manera, ayudarás a fijar el ángulo de la pelvis que has practicado en el ejercicio 1. ¡Ojo! No separes la barbilla de las manos. Si subes la barbilla, las lumbares se curvarán más de lo necesario y se sobrecargarán. Respira con naturalidad.

ASÍ

Puedes cruzar los tobillos como más fácil te resulte.

No separes la barbilla de las manos.

¡ASÍ NO!

ASÍ

Más fácil

Más fácil

Basta con que subas un poco las piernas.
No las eleves demasiado para no cargar la zona lumbar en exceso.

EJERCICIO

3

Estiliza la cintura

1
5
EJERCICIOS
QUE CAMBIARÁN
TU CUERPO
2
3

Levanta la cadera izquierda, mantén la postura 3 segundos y repite 10 veces. Después, haz lo mismo con la otra.

Efecto y clave de los movimientos

Con este ejercicio solucionarás uno de los problemas que te impiden tener una cintura estilizada: bajarás los omóplatos. En este caso, dejar quietos los hombros en su posición es más importante que subir las caderas. Mientras mantengas los hombros fijos en su posición, será suficiente solo con subir un poco la cadera. Si te agarras a la silla, el ejercicio te resultará más fácil.

No levantes solo el muslo…

Si no subes los glúteos, no estimularás la parte inferior de los omóplatos.

✕

No inclines el torso hacia delante…

Si inclinas el torso hacia delante, no estimularás los glúteos.

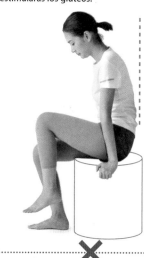

✕

No muevas los hombros.
Agarrarte a la silla te ayudará a realizar el ejercicio.

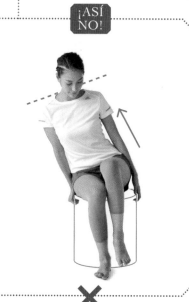

✕

EJERCICIO
4

Tonifica el torso

**Levanta el cuerpo
6 segundos y
repite 10 veces.**

Efecto y clave de
los movimientos

Este ejercicio ayuda a despertar los músculos abdominales y
los «músculos respiratorios» —los músculos que utilizamos
cuando respiramos— para restablecer la torsión de las costillas. Si notas que los músculos de la espalda están sobrecargados, lo estás haciendo bien. Aunque te preocupe no poder
subir los brazos, si realizas los ejercicios del 1 al 3 en orden, el
torso trabajará sin dificultad.

No coloques los codos muy cerca del cuerpo…

Si los codos están cerca del cuerpo, el movimiento de los hombros se verá limitado y no podrás subir los brazos.

Mantén los codos lejos del cuerpo.

Si los codos están lejos del cuerpo, los brazos subirán sin problema.

No te agarres los brazos…

Si te agarras la parte superior de los brazos, te resultará más difícil pasar la cabeza entre ellos.

Rodea los codos con las manos como si los envolvieras.

Rodea los codos con las manos como si los envolvieras para pasar la cabeza sin problema.

Zona

EJERCICIO

5 Equilibra todo el cuerpo

5
EJERCICIOS
QUE CAMBIARÁN
TU CUERPO

1
2
3
4
5

Permanece en cuclillas 3 segundos y estira todo el cuerpo otros 3 segundos. Repite 10 veces.

Efecto y clave de los movimientos

Con los ejercicios anteriores, ya habrás estimulado el torso correctamente; ahora es necesario ponerlos a punto para que trabajen en conjunto. Cuando te coloques en cuclillas, mantén los pies en el suelo e inclina el torso y el cuello hacia delante como si fueras una bola. De esta forma, todos los músculos de la espalda trabajarán juntos. Cuando estires todo el cuerpo, mira ligeramente hacia arriba y ponte de puntillas para usar todos los músculos frontales.

Toca el suelo con los talones.
Antes de colocarte de puntillas, ponte de pie con los talones en el suelo para no perder el equilibrio.

ASÍ

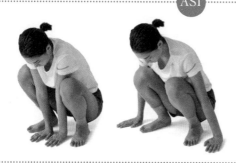

Apoya las manos dentro o fuera de las piernas.

Más fácil

Orienta las puntas de los pies hacia fuera.
Orienta las puntas de los pies hacia fuera para que te resulte más fácil ponerte en cuclillas. Si te cuesta, despega los talones del suelo, aunque esta postura surte menos efecto.

Apéndices

Para quienes no hayan obtenido el resultado esperado

¿El método Sakuma también funciona con los hombres?

Por supuesto que sí. La causa y el proceso de la acumulación de grasa en la parte inferior del torso son los mismos en hombres y mujeres. Además, los músculos que ayudan a mantener una postura correcta empiezan a debilitarse a la misma edad en ambos casos. Cuando los músculos pierden fuerza y las articulaciones, flexibilidad, el cuerpo empieza a acumular grasa, por lo que también recomiendo a los hombres que practiquen el método Sakuma si están preocupados por su figura.

En el caso de la silueta masculina, las articulaciones de la cadera están ubicadas más hacia el interior de la pelvis y, por ello, hay más casos de retroversión de la pelvis. Como consecuencia, la espalda se encorva y se acumula grasa en el abdomen.

Sin embargo, los hombres tienen veinte veces más testosterona —la hormona que influye en el mantenimiento de los músculos— que las mujeres. Es decir, a ellos les resultará más fácil perder barriga gracias al método Sakuma.

Practicar ejercicio supone un estímulo nuevo para el cuerpo, que reacciona de forma excelente. Si nunca has hecho ejercicios para tonificar el cuerpo y adelgazar, este método es para ti. ¡Te lo recomiendo!

Una clienta que rondaba la veintena acudió a mí porque necesitaba perder cuatro kilos. **Había probado todo tipo de ejercicios y su cuerpo ya no reaccionaba a ningún método**. Hacer ejercicio supone estimular el cuerpo tanto desde fuera como desde dentro, por lo que, una vez el cuerpo se acostumbra a un mismo método, deja de adelgazar. Esta clienta solo desayunaba apio. Cuando tenía hambre, chupaba caramelos. Apenas bebía, ni siquiera agua. Sin embargo, practicaba *Kaatsu* —el método japonés basado en la restricción del flujo sanguíneo— y también ejercitaba la musculatura. En teoría, su cuerpo debería estar lo bastante tonificado, pero la realidad era que no era capaz de alcanzar la talla que se había propuesto.

—No sé qué hacer. Me caso en menos de dos meses —me dijo la chica con cara de angustia, ya que ningún método le había funcionado hasta entonces y estaba preocupada.

—En primer lugar, debes seguir una buena alimentación y acelerar el metabolismo. Después, deberás hacer una serie de ejercicios. Todos los clientes que han probado mi método han logrado adelgazar —le comenté—. Primero, coge peso y, luego, tonifica el cuerpo.

Odio mi cuerpo

Existen tantas preocupaciones en relación al cuerpo como personas. Yo entendía perfectamente lo que esta clienta decía, pero para bajar de talla no debemos obsesionarnos tanto como para dejar de comer y beber. ¿Acaso es más bonita una fruta o una flor cuando está seca y pesa poco?

Le comenté que debía comer tres veces al día de manera correcta. Para desayunar le recomendé fruta, para la ingesta de vitaminas; cereales, que contienen mucha fibra y ayudan a evitar el estreñimiento, aunque se consuma menos cantidad de comida; y proteínas, para no perder los músculos. En el caso del almuerzo y la cena, le recomendé consumir una cantidad adecuada de proteínas. Aunque durante el primer mes engordó diez kilos, su metabolismo se aceleró. Al mismo tiempo, activó el torso con los ejercicios del método Sakuma. Ahora, su cuerpo estaba listo para adelgazar. Al cabo de un mes y medio había perdido doce kilos. A pesar de que no alcanzó su talla ideal, consiguió una silueta esbelta y una piel radiante, y recuperó la sonrisa.

En una ocasión, también ayudé a una mujer que realizaba ejercicios aeróbicos cuatro días a la semana y seguía un programa de *fitness* personalizado dos días a la semana. **Un día, de repente, había engordado 8 kilos.** Es difícil de creer, pero, al trabajar con unas 50 000 personas, de vez en cuando me encuentro con casos excepcionales. Lo cierto es que hasta yo mismo me sorprendí.

¿Por qué le ocurrió esto?

El cuerpo femenino pasa por la fase folicular, la fase de ovulación, la fase lútea y la fase menstrual a lo largo del ciclo de equilibrio hormonal. Cuando se realizan ejercicios duros sin interrupción, se produce un desequilibrio hormonal y una alteración del peso. En su caso, la luteína (progesterona) se segregó en exceso durante la fase lútea, antes de la menstruación, y parece que la temperatura corporal aumentó de manera brusca y se produjo una acumulación repentina de agua.

Esta clienta trabajaba desde primera hora de la mañana hasta muy tarde y, luego, iba al gimnasio. Salía de allí a las once de la noche. Al llegar a casa, cenaba solo una pequeña cantidad de pollo.

Con este ritmo, es normal que sufriera estrés y que se produjera un desajuste hormonal. Le recomendé comer de manera correcta para sanar tanto el cuerpo como la mente. Al cabo de tres días, recuperó su peso habitual.

He recibido muchos comentarios de gente que ha probado el método Sakuma. Una mujer me dijo que, al empezar a seguir el programa, perdió ocho kilos.

Por el contrario, otras personas me han comentado que no experimentaron ningún cambio a pesar de realizar correctamente los ejercicios. No bajaron de peso, se decepcionaron y, al final, desistieron.

En mi opinión, la persona que perdió ocho kilos lo consiguió porque restableció los buenos hábitos en poco tiempo. Es muy importante corregir los malos hábitos, como una postura inadecuada o un mal uso de los músculos. Esto es fundamental para adelgazar; es el truco para estar en forma de por vida. **Sin embargo, el tiempo que tarda el cuerpo en restablecer los hábitos varía de una persona a otra. No te compares con los demás.**

La gente que practica ejercicio y no consigue el resultado esperado tiene algo en común. Suelen ser personas que han probado muchos métodos diferentes y cuyos cuerpos se han acostumbrado al ejercicio y la dieta.

No comen demasiado y apenas beben agua. De esta forma, es imposible desarrollar unos músculos esbeltos ni obtener buenos resultados. Aun así, al ver que ese método no funciona, se preocupan más y prueban nuevos ejercicios. Al final, los músculos dejan de reaccionar ante los estímulos y entran en un modo de ahorro de energía. Es entonces cuando el efecto de los ejercicios se reduce y entran en un bucle negativo.

El cuerpo tarda en olvidar ciertos hábitos. Aunque no veas el resultado pronto, por favor, no dejes de intentarlo. Es la única manera de salir del bucle de las dietas, que, de otra forma, te atrapará para siempre.

Establecer una meta adecuada y no demasiado ambiciosa es importante. Lo malo de esto es que, cuando no la alcanzamos, nos entristecemos. Lo mejor mientras ponemos en práctica un nuevo método es no pensar cuánto hemos perdido, sino disfrutar de lo que hemos mejorado.

«Ahora tengo mejor postura», «Me siento más ligera», «Me duele menos la parte que me dolía siempre», etc. Si te centras en los pequeños cambios, te resultará más fácil continuar con los ejercicios. Además, de esta manera llegarás a la meta final con mayor facilidad.

La mayoría de las personas que no pierden el peso que se han propuesto se fijan demasiado en los kilos.

Algunas personas pretenden perder diez kilos en dos semanas y hacen ejercicio para conseguir su objetivo, pero, al final, no pierden ni siquiera uno. «Uf, no me funciona. Voy a dejarlo», piensan, y se dan por vencidos. Si solo te fijas en los números y no ves en la báscula lo que te gustaría, te desmotivas. Buscas un nuevo método y entras en un bucle.

Piénsalo bien.

No hay ningún truco mágico que te ayude a perder peso. Solo tú puedes hacerlo. Con el método Sakuma, corregir la postura es elemental. Usar los músculos del torso para mantener una postura correcta te ayudará a acelerar el metabolismo y a estilizar la figura. Aunque, con este programa, muchas personas pierden peso rápidamente, otras personas tardan mucho más.

Aun así, si tu mayor preocupación es el peso, puedes pesarte una vez a la semana. Y ajustar tus objetivos mes a mes. Me gusta comparar el control del peso corporal con la economía doméstica: conocer el ingreso y el gasto semanal y administrarlo a final de mes. Asimismo, también puede resultarte útil pensar que no ganar peso al cabo de un mes es un logro. Con este truco, te quitarás presión de encima. No te obsesiones con el peso. Yo también he pasado por eso cuando me dedicaba al atletismo; en aquella época, mi felicidad dependía de si ganaba o perdía un kilo. No dejes que un simple kilo arruine tu felicidad y disfruta con los pequeños cambios del día a día. Quien llega a la meta es quien puede disfrutar con los pequeños cambios.

Enfrentarte a tus preocupaciones es importante; debemos cuidar nuestro cuerpo, pues nos va a acompañar durante toda la vida. Cuando experimentamos cambios físicos, la imagen que damos es diferente y la confianza en nosotros mismos aumenta. Aquellos que derrochan seguridad en sí mismos tienen un aspecto joven.

Vive la vida.

Disfruta cada momento.

Espero que el método Sakuma y el método Sakuma Full Body te ayuden a hacerlo.

Kenichi Sakuma estudió Educación Física en la Asociación Nacional de Fuerza y Acondicionamiento (NSCA) de Colorado y es entrenador personal y entre sus clientes se encuentran famosos y modelos internacionales. También ha sido entrador personal de representantes de Estados Unidos, Francia e Inglaterra en el célebre concurso de belleza Miss Internacional.

Es propietario de los gimnasios CharmBody, con sede en diversas ciudades de Japón, pero también en Los Ángeles, Singapur y Shanghái.

Primera edición: enero de 2020
Título original: *Taikan Reset Diet Kyukyoku No Bubunyase*
Publicado originalmente por Sunmark Publishing, Inc, Tokio (Japón) en 2019.

© Kenichi Sakuma, 2019
© de la traducción, Madoka Hatakeyama, 2020
© de esta edición, Futurbox Project S. L., 2020
Todos los derechos reservados.

Los derechos de traducción al castellano se han gestionado con Sunmark Publishing Inc. mediante acuerdo con Gudovitz & Company Literary Agency (Nueva York, Estados Unidos) y Julio F-Yáñez Agencia Literaria S. L. (Barcelona, España).

Diseño de cubierta: Taller de los Libros

Publicado por Kitsune Books
C/ Aragó, n.º 287, 2.º 1.ª
08009, Barcelona
www.kitsunebooks.org

ISBN: 978-84-16788-40-8
THEMA: VFM
Depósito legal: B 716-2020
Preimpresión: Taller de los Libros
Impresión y encuadernación: Grafilur
Impreso en España – *Printed in Spain*